U0850759

钙 邦 崛 起

郭海军　编著

北　京
冶 金 工 业 出 版 社
2017

内容提要

本书共分为9章，在简要介绍钙的性质与分类的基础上，重点介绍了金属钙及其合金的生产与应用，钙包芯线的种类、生产与应用，钙的相关标准与分析方法等内容。书后还附有2008~2016年中国金属钙企业的生产情况、产能产量、加工产品种类及加工量的统计数据。

本书可供钙行业相关人员阅读，也可供对钙感兴趣的广大读者阅读。

图书在版编目(CIP)数据

钙邦崛起/郭海军编著.—北京：冶金工业出版社，2017.8

ISBN 978-7-5024-7574-1

Ⅰ.①钙…　Ⅱ.①郭…　Ⅲ.①钙—轻金属冶金—冶金工业—概况—中国　Ⅳ.①F426.3

中国版本图书馆CIP数据核字(2017)第179038号

出 版 人　谭学余
地　　址　北京市东城区嵩祝院北巷39号　邮编　100009　电话　(010)64027926
网　　址　www.cnmip.com.cn　电子信箱　yjcbs@cnmip.com.cn
责任编辑　陈慰萍　美术编辑　吕欣童　版式设计　孙跃红
责任校对　王永欣　责任印制　牛晓波
ISBN 978-7-5024-7574-1
冶金工业出版社出版发行；各地新华书店经销；北京建宏印刷有限公司印刷
2017年8月第1版，2017年8月第1次印刷
148mm×210mm；5.625印张；164千字；162页
38.00元

冶金工业出版社　投稿电话　(010)64027932　投稿信箱　tougao@cnmip.com.cn
冶金工业出版社营销中心　电话　(010)64044283　传真　(010)64027893
冶金书店　地址　北京市东四西大街46号(100010)　电话　(010)65289081(兼传真)
冶金工业出版社天猫旗舰店　yjgycbs.tmall.com

（本书如有印装质量问题，本社营销中心负责退换）

序

一个故事承载一段历史，一份执著印记一个守候。

本书以作者在金属钙行业的十二年历程，讲述了中国“钙邦”的真实发展过程。悉心研读，其情其景犹然在目。受命于忘年之交，提笔及序，欣然允之。

我与作者结识于2006年，当时是在北京参加首届金属钙工业年会并作有关皮江法炼钙工艺的发言。依稀记得与其初次见面的感觉。之后十余年间，长期保持联络，时常接到电话咨询一些金属钙的工艺问题；且他每次到长沙出差，也必到我家中探望。而今年逾古稀，不免行动迟疑，总是善待不周，倒是他对我照顾颇多。

作者不辞辛劳，牺牲节假日，奔赴河北、山西、内蒙古、宁夏、青海、陕西、四川、云南、湖北、湖南、安徽、江苏、上海、山东、河南等省市，多次走访金属钙上下游近百家企业，认真调研国内从事金属钙冶炼、加工、贸易每一家企业以及使用金属钙的企业，聆听企业的心声和发展需求，了解企业技术难题和市场困境，掌握前沿发展动态和最新数据，为企业发展提供信息数据、政策导向、市场反馈等多方面的支持。他先后拜访中南大学冶金与环境学院、中南大学资源循环研究院、长沙有色冶金设计研究院有限公司、长沙矿冶研究院有限责任公司、武汉工业学院、昆明理工大学、西北矿冶研究院、清华大学材料学院、北京大学环境科学与工程学院、北京科技大学冶金与生态工程学院、北京有色金属研究总院稀有金属冶金材料研究所等有色金属、冶金、材料、环境类科研院所，与专家学者们探讨、交流金属钙工业发展的前沿技术及市场机遇，为钙粒合金型包芯线向钙丝型包芯线的发展提供技术转型方案，为高纯钙的提纯及钙合金的工艺发展献言献策。作者十年如一日工作在金属钙行业最前线，以忠诚的园丁精神和不惧困难的辛劳态度，服务于金属钙工业的发展与创新，得到了钙业同仁的信赖和称赞。

作者发起中国金属钙工业年会，为行业企业、专家及客户提供政策、技术、市场等面对面交流平台；创办中国钙业网，为行业上下游企业提供适时的信息平台服务；倡议并成立中国钙业理事促进会（联盟），团结金属钙行业上下游企业，致力于钙产业创新发展；邀请国家有色金属标准委专家赴山西还原钙冶炼企业实地考察，推动建立还原钙行业标准；协调行业上下游供销矛盾，反对不正当竞争，弘扬行业标杆企业形象；树立小产业、大环保理念，引领产业朝着低碳绿色的循环产业发展。这些都是作者长期以来孜孜不倦地为钙行业努力付出的成果。

本书思路清晰，章节设计合理、点题清晰，用事实概写全貌。纵观全书之梗概，虽不觉气势之宏，亦感作者用心之处。细研内文，评说已见。

《钙邦崛起》是一本全面介绍金属钙行业发展的科普读物，可以作为人们学习、了解金属钙的参考资料。

在此，推荐广大读者收藏研读，定会有所收获。

徐日瑶

前　言

2005年3月，我陪同八一电影制片厂某导演前往成都，就电视剧《老子》投资事宜会见恩威集团有关人员。但因种种问题初步磋商无果而终。

正如《道德经》开篇曰："无名天地之始；有名万物之母。故常无欲以观其妙，常有欲以观其徼。"此行本是洽谈电视剧《老子》的投资，却经朋友引荐，在成都结识了成都大为冶金有限公司的蒋先生，从此与钙结缘。这也许就是有心栽树树不成，无心插柳柳成荫。

随着对钙行业的不断了解，我逐步认清了钙的分类，在进一步对金属钙、无机钙、有机钙进行深入探究之后，掌握了无机钙和有机钙的本质区别，也明确了钙行业面临的问题。由此，我第一次提出了金属钙的行业发展思路和市场化服务方案。

查阅国内各大图书馆馆藏，可以发现国内有关金属钙的资料非常少。经过大量的走访和数据收集与分析，我了解了电解钙由核工业应用为基础转向民用市场消费，以及皮江法（俗称铝热法或还原法）金属钙市场的发展历程。

2004年，我国金属镁市场遭受残酷的冲击，大多数镁生产企业仅仅通过片面了解，在不具备先进工艺、成熟生产技术的条件下，就盲目转型生产金属钙。这一时期，钙生产企业非常混乱，皮江法金属钙工艺初显端倪。2005 年上半年，钙生产企业由最多的 30 余家逐渐降至 10 余家。

2006 年，作为国内金属钙的信息研究者，为了有效引导、推动金属钙行业良性发展，我开始以合金用钙、钢铁补钙为主阵地的工业化市场消费研究；在单位领导的鼓励和支持下，我开始“2006 年首届全国金属钙工业年会”的筹备工作。首届全国金属钙工业年会代表达到 120 人之多。会议主要论证了熔盐电解工艺和皮江法工艺生产金属钙的技术特点、产品性能、杂质含量及区别等内容，推动了金属钙民品市场的发展。从此，我全身心投入这一行业的发展研究之中，一直延续至今。

与金庸先生笔下“丐帮”之丐不同，钙因百姓补食而家喻户晓。十二载时光，虽然全世界的金属钙消费领域受限、新产品开发尚需拨云见日，但市场消费已由 2005 年的 1.2 万吨，增长到了 2016 年的 5.3 万吨，可谓企业之喜，行业之喜！这样的成绩离不开业界同仁夜以继日的辛勤劳作和孜孜不倦的努力奉献。十二年“钙邦”情，让我坚定信念与业界朋友们暑往寒来，游走于企业之间，传递商业信息和行业发展的新概念，推动着行业创新与市场开拓的新天地。

本书第1章开门见山的说明了什么是钙，钙在自然界中的存在形式及其性质，并逐一介绍了金属钙、化工钙和生物钙的基础应用领域。第2章围绕纳米碳酸钙的生产工艺、发展现状、工业应用和需求，钙钛矿太阳能电池技术动态，新型钙节能环保材料工艺技术与经济指标等内容，进行了基础介绍和分析。第3章以金属钙为核心，重点阐述了金属钙的熔盐电解法、皮江还原法、电石炼钙新方法和真空冶金技术的工艺特点、技术参数、工艺流程和创新研究。第4章透析金属钙的基础产品，依据物理变化和市场消费结构，钙分为基础加工产品（即钙块、钙粒、钙屑）和深加工产品（即钙棒、钙丝、钙线系列、钙合金系列），并对相关产品的加工工艺做了介绍。同时，分析了钙系列包芯线的发明、工业生产和市场从无到有、从起步到发展的全过程。第5章介绍金属钙如人生命中水要素一样，在精炼钢，尤其是特种钢材的精炼过程中的作用有不可替代性，复合脱氧技术是促进炼钢脱氧、除渣的必要工艺和技术创新。第6章介绍普通复合型钙粒包芯线到高钙线、椭圆形致密包芯线和纯钙线的创新发展，金属钙的深加工应用有着长期的实践数据和市场发展空间。第7章介绍钙的相关标准以及钙的分析方法。第8章介绍了我国金属钙行业内唯一的行业联盟——中国钙业理事促进会（自发性松散型行业联盟)。第9章通过分析行业规模、产能、产量，工业基础和政策措施，对金属钙的行业现状做出评价，以十二年的行业服务观念和思维阐明行业进步的方向，并对未来中长期的发展给予了展望和期盼。书后附有附录，主要是2008~2016年中国金属钙企业的生产情况、产能产量、加工产品种类及加工量的统计数据，供读者参阅。

本书全面论述金属钙工业面临的困难和机遇，以期引起读者的深思与研究。

“钙邦”崛起离不开业界同仁们的执著与坚持，“钙邦”的兄弟姐妹坚信：我们携手走来，共同奋发图强，一定会推动“钙邦”工业异军突起，开拓广阔的消费市场，必将以工业补钙、生命补钙的创新梦想，加快推进产业共赢的强钙之路。

郭海军

2017年7月

目　　录

1　钙的资源与种类

钙属于元素周期表中ⅡA族碱土金属，符号Ca，原子序数20，相对原子质量40.08，熔点839℃，沸点1484℃，密度1.54g/cm^3（20℃），化合价+2。

钙即“石灰”之意，其英文calcium一词来源于拉丁文calx（石灰）。1808年英国科学家戴维（H. Davy）首先通过电解石灰和氧化汞的混合物制取钙汞剂，然后再蒸馏得到金属钙。

与铝、镁、钠、钾、锶、钡等金属一样，钙的密度小（0.53～4.5），化学活性大，与氧、硫、碳和卤素的化合物都相当稳定，所以归于轻有色金属行列。

钙是相当硬而质轻的银白色金属，可作为铝（Al）、铜（Cu）、铅（Pb）、镁（Mg）和其他金属的合金添加剂以及炼钢的脱氧剂，也可作为铬（Cr）、钍（Th）、铀（U）、锆（Zr）及其他金属的氧化物制取金属时的还原剂，还可以作为电子管的吸气剂和有机体的脱水剂。

1.1　钙的资源及其性质

在自然界中，钙的分布很广，是存在最普遍的元素之一，它以化合态存在，资源十分丰富。钙占地壳原子总数的1.5%。在所有的化学元素中，钙在地壳中的含量仅次于氧、铝、硅、铁，居第五位。主要的含钙矿物有石灰石（$CaCO_3$）、白云石［$CaMg(CO_3)_2$］、石膏（$CaSO_4$）、萤石（CaF_2）、磷灰石［$Ca_5(PO_4)_3F$］、石棉（$CaSiO_3 \cdot 3MgSiO_3$）等。成分为$CaCO_3$的矿物，除石灰石外，还有白垩、方解石、大理石和冰洲石等。我国东北产白云石，西藏、山东、江苏、宁夏、山西产石膏，浙江产萤石，云南产大理石。此外，我国还有大量的冰洲石和方解石。2016年，世界金属钙的产量达到了5.3万吨。

钙在常温下与空气中的氧生成灰黄色的氧化钙，与水作用生成氢与氢氧化钙，易与稀酸作用。钙的主要物理性质见表 1-1。

表 1-1 钙的主要物理性质

性 质	参 数	性 质	参 数
密度（20℃）	1.54g/cm^3	熔化热	8.67kJ/mol
熔点	839℃	汽化热	167.1kJ/mol
沸点	1484℃	热导率（0~100℃）	125W/(m·K)
平均比热容（0~100℃）	624J/(kg·K)	电阻率（20℃）	3.7μΩ·m

1.2 钙的分类

根据钙的状态、性能和用途，本书将钙分为金属钙、化工钙和生物钙三类。本书主要介绍金属钙。

1.2.1 金属钙

金属钙的化学性质很活泼。在空气中，金属钙会很快被氧化，蒙上一层氧化膜；加热时，金属钙会燃烧，发射出砖红色的美丽的光芒。金属钙和冷水的作用较慢，在热水中会发生激烈的化学反应，放出氢气。金属钙初级产品为粗钙、钙锭等产品。

金属钙的用途非常广，但单次使用量很少。金属钙可用作钢和生铁熔炼时的脱氧、脱硫、脱气和脱磷剂。在铸铁中添加少量的锂钙合金能增加其流动性，并可显著提高其强度。在有色冶金中，利用金属钙可以去除铅和锡中的铋和锑。金属钙已用来制取钍、钒、锆、铍、铌、铀、钽及其他难熔金属。金属钙用于铜、镍、特种钢和青铜的冶炼，能化合硫、磷、过量碳杂质。已经有金属钙分别和硅、锂、钠、硼、铝、镁制成的多种合金。把金属钙加到铅中可以增加铅的硬度，可以制造蓄电池阳极栅板和轴承用钙铅合金材料。金属钙具有化合氧和氮的性能，所以可以用来净化惰性气体，还可用作真空无线电设备的去气剂。此外，在石油工业上，钙可用作脱硫剂和脱碳剂。

1.2.2 化工钙

化工钙分为活性氧化钙、食品级微细轻质碳酸钙、工业级微细轻质碳酸钙、涂料级微细轻质碳酸钙、微细活性重质碳酸钙、工业级微细活性沉淀碳酸钙、氢氧化钙、碳化钙、硅钙、硅酸钙保温材料、硫酸钙晶须、碳酸钙晶须、硼酸钙晶须等产品，具有极为广泛的用途。

无机钙盐可以作为钙塑料的主要原料，制成的钙塑料广泛用于建筑业、包装、日用品材料等方面。钙塑料化学性能稳定，能耐高温和低温，有良好的隔热性、耐水性、耐溶剂性，还有优越的黏结性和可印刷性，可以像木材一样进行切削、层压成型等加工。此外，钙塑料燃烧速度慢、烟量少，不易引起火灾，也不会造成公害。

（1）活性氧化钙。活性氧化钙通过选用优质材料，采用先进技术精研而成，广泛应用于化工工业，是胶粘剂行业最理想的优质填充材料。

（2）食品级微细轻质碳酸钙。食品级微细轻质碳酸钙作为补钙和各类营养强化剂的优质钙源，广泛应用于现代生活补钙营养保健食品和医药行业，是奶制品、肉制品、面制品和乳制品等行业的优质营养强化添加剂。

（3）工业级微细轻质碳酸钙。工业级微细轻质碳酸钙具有白度好、纯度高、粒径微细等特点，广泛应用于造纸、塑料化工、橡胶、油墨、电线、电缆等工业。

（4）涂料级微细轻质碳酸钙。涂料级微细轻质碳酸钙具有白度好、纯度高、粒径均匀等特点，是内外墙乳胶漆、高档涂料等产品的优质填充材料。

（5）微细活性重质碳酸钙。微细活性重质碳酸钙精选优质方解石作为原料，采用国内先进技术精研而成，具有高白度、高纯度、粒径均匀等特点，广泛应用于涂料、橡胶制品、油墨、胶粘剂、陶瓷等行业，是一种使用效果较佳的填充材料。

（6）工业级微细活性沉淀碳酸钙。工业级微细活性沉淀碳酸钙是一种改性补强产品，广泛应用于橡胶、塑料、油漆、型材、管材等行业，提高这些行业产品的使用性能，是最理想的改性补强材料。

(7) 氢氧化钙。氢氧化钙采用优质氧化钙精制而成，具有含量高、纯度高的特点，广泛应用于皮革、陶瓷、涂料、污水净化等行业。

(8) 碳酸钙。石灰石的主要化学成分是碳酸钙。碳酸钙产品是用途最广的无机盐填料之一，广泛应用于橡胶、塑料纸张、涂料、印刷、油墨、饲料、食品等行业。

(9) 碳酸氢钙。碳酸氢钙常在天然水中含有，如河水、湖水、江水，这种水被称为硬水。硬水给人们带来不少麻烦，用它烧开水，原先溶解在水中的碳酸氢钙受热会转化成不溶性的碳酸钙，沉淀出来，变成水垢。工厂里的锅炉如果水垢太厚了，不仅浪费燃料，而且甚至会因受热不均匀引起爆炸。用这样的水洗衣服，碳酸氢钙会和肥皂起化学作用，生成硬脂酸钙沉淀出来，浪费肥皂。为了克服硬水的此类缺点，人们要把硬水软化，比如加入碳酸钠（苏打），使碳酸氢钙变成碳酸钙沉淀出来，然后滤掉；也可以用煮沸的方法使硬水软化。

(10) 硫酸钙。硫酸钙是钙的重要化合物，俗名石膏。在工业上，人们用石膏做成各种模型，用来浇铸金、银、铝、镁、铜以及非铁金属合金。石膏还大量用来制造各种石膏像。不过，天然的石膏矿并不是雪白色的致密固体，而是像石蜡，是含水结晶体。生石膏燃烧后才变成熟石膏。

(11) 碳化钙。碳化钙俗名电石，为灰色或黑色块状物，在空气中吸水后失去光泽变成灰白色粉末，密度 $2.22g/cm^3$，可用石灰与焦炭在电石炉中高温反应生成。碳化钙可用作化工原料，与水反应生成乙炔气用于切割、焊接金属。

(12) 硅酸钙。作工业保温材料的硅酸钙水化合物主要是托贝莫来石（$5CaO \cdot 6SiO_2 \cdot 5H_2O$）和硬硅钙石（$6CaO \cdot 6SiO_2 \cdot H_2O$）两种。以前者为主要成分的硅酸钙保温材料最高使用温度一般为650℃，而后者可达到1000℃。

硅酸钙保温材料由美国于1946年研制成功并商品化。随后，日本制备出硬硅钙石超轻保温材料，这被认为是硅酸钙保温材料发展过程中的一个飞跃。1984年日本工业标准（JIS）中规定，托贝莫来石超轻制品堆密度小于170kg/m^3，硬硅钙石超轻制品堆密度小于130kg/m^3。

硅酸钙保温材料除超轻制品外，其主要产品还有：

1）憎水型硅酸钙，分表面憎水和内部憎水两种；

2）在高温区域能有效防止热辐射传热的低导热系数硅酸钙；

3）对奥氏体不锈钢无应力腐蚀的低含量卤族元素硅酸钙；

4）异型硅酸钙，如弯头管壳、大型弧形板等。

目前，硅酸钙已成为工业保温材料中使用量最大的材料，已在电力、化工、石油、冶金、矿业、窑业、造船、建筑等工业领域中广泛用于塔、槽、炉窑、管道的保温和隔热。

1.2.3 生物钙

生物钙是以钙元素的生理生化功能及药理学作用为基础，以钙盐为主要成分的钙制剂，如钙片、钙奶、果树用钙及医疗用钙等系列产品。常见产品为片剂、胶囊、冲剂、粉剂、溶液、针剂等。

生物钙是人和动物必不可缺的元素。人和动物的骨骼的主要成分是磷酸钙。血液中也含有一定量钙离子，全身血液含钙量约为0.7g，主要的作用是维持肌肉的弹性和紧张度。没有了生物钙，皮肤划破后血液不易凝结，肌肉不易收缩。高钙摄入的人，其骨密度也高。

2012年3月6日，中国营养学会推荐每日膳食中钙的供给量见表1-2。

表1-2 每日膳食中钙的供给量 mg

组　别	钙的供给量	组　别	钙的供给量
0~6个月母乳喂养儿	300	4~11岁	800
0~6个月人工喂养儿	400	11~18岁	1000
6~12个月	400	妇女	1200~1500
1~4岁	600	老年人	1000~1200

食物中钙的来源以奶及奶制品为主。奶及奶制品不但钙含量丰

富，而且吸收率高，蔬菜、豆类和油料种子含钙也较高，各种瓜子、芝麻酱、虾米皮、发菜、海带含钙也特别丰富，但植物食物中常因含有草酸而不利于钙的吸收。常用食物中的钙含量见表1-3。

表1-3 每100g食物中的钙含量 mg

名称	含钙量	名称	含钙量	名称	含钙量
标准米	10	牛奶	104	豇豆	100
标准粉	24	人奶	30	豌豆	84
虾皮	991	黑芝麻	780	蚕豆	93
瘦猪肉	6	银耳	380	豆腐	164
瘦牛肉	9	黑木耳	247	花生仁	67
瘦羊肉	15	紫菜	264	核桃仁	119
鸡肉（带皮）	9	大豆	191	榛子仁	316
鸡蛋黄	112	青豆	200	香菜	170
干酪	900	豆腐丝	284	柑橘	129
奶酪	799	黑豆	250	荠菜	294

2 纳米钙发展与钙新型材料

2.1 纳米碳酸钙

纳米碳酸钙被称为超细碳酸钙或超微细碳酸钙，是 20 世纪 80 年代发展起来的一种新型超细固体粉末材料，其粒度介于 0.01～0.1μm 之间。由于纳米碳酸钙粒子的超细化，其晶体结构和表面电子结构发生变化，产生了普通碳酸钙所不具有的量子尺寸效应、小尺寸效应、表面效应和宏观量子效应。

按照国际专家对“纳米材料”的定义，所谓“纳米材料”必须具备两个条件，其一为粒径在 0.01～0.1μm 之间，其二为粒径在应用中带来性质的改变。纳米碳酸钙是指在三维空间中，至少有一维处于纳米尺寸的范围，或由它作为基本单元构成的材料。

2.1.1 纳米碳酸钙的分类

依据生产方法和粒径的大小不同，仅有超细碳酸钙与超微细碳酸钙被称为纳米碳酸钙。目前，重质碳酸钙无法达到纳米级。

（1）超细碳酸钙。超细碳酸钙是指原生粒子粒径在 0.02～0.1μm 之间的碳酸钙，是日本率先研制出来的一种最廉价的纳米材料。它与常规粉体材料相比，在补强性、透明性、分散性、触变性和流平性等方面都显示出明显的优势，尤其是活性超细碳酸钙，具有功能填料的特点，大大拓宽了它的应用范围，极大地改善和提高了相关的产品强度、韧性和质量。

（2）超微细碳酸钙。超微细碳酸钙是指原生粒子粒径不大于 0.02μm 的碳酸钙，它的宏观量子隧道效应在催化、滤光、光吸收、医药、磁介质及新材料等方面有许多的用途。它的外观为白色或淡黄色六方晶体粉末状，无味，不溶于水和乙醇，能溶于酸释放出二氧化碳。超微细碳酸钙是一种功能性无机填料，它不但具有增加产品体积、降低产品成本的作用，而且还拥有优良的补强性能。

2.1.2 纳米碳酸钙的生产方法

纳米碳酸钙的工业制备是采用碳化法。将质量好的氧化钙溶于水，并将生成的悬浮氢氧化钙在高剪切力作用下粉碎，多级固液分离除去颗粒及杂质，得到一定浓度的精制氢氧化钙悬浮液。在一定浓度和纯度的 $Ca(OH)_2$ 的悬浮液中通入高纯度的二氧化碳气体进行碳化。通过调整 $Ca(OH)_2$ 悬浮液的温度、pH 值、二氧化碳气体的流量等参数来控制纳米碳酸钙晶核的成核速率；在碳化至形成一定的晶核数后，由晶核形成控制转化为晶体生长控制，此时加入晶形调节剂控制各晶面的生长速率，从而达到形貌可控；继续碳化至终点，加入分散剂调节粒子表面电荷，得到分散的立方形纳米碳酸钙颗粒粒子。

碳化法主要有间歇碳化法、连续喷雾碳化法、超重力碳化法、鼓泡碳化法等生产方法。从国际技术发展来看，鼓泡碳化法是目前纳米碳酸钙使用最为成熟，效果最好的纳米碳酸钙生产方法。

2.1.3 纳米碳酸钙的产业状况

近几年来，纳米碳酸钙受到越来越多业内人士的关注，国内外著名的碳酸钙企业都在积极研究纳米碳酸钙的生产工艺与市场应用。但是由于种种原因，很多人对纳米碳酸钙的现状和发展产生了误解，影响了该产业的健康发展。国内的纳米碳酸钙企业有数十家，既有轻质碳酸钙企业，也有重质碳酸钙企业，其是否真正达到纳米级有待进一步证实。

目前，全世界可以生产纳米碳酸钙的企业有 Minerals Technologies Incorprated（MTI）、Huber Engineered Materials、Imerys、Omya、Okutama Kogyo、Solvay、Shiraishi Kogyo、Mississippi Lime Co、Schaefer Kalk 等公司，其中 MTI 是一家美国上市公司，也是全世界最大的 PCC 生产企业，年产量超过 300 万吨。这些企业分布在 30 多个国家，有超过 50 家工厂既生产轻质碳酸钙，也生产重质碳酸钙。

2.1.4 纳米碳酸钙的应用

（1）塑料工业。纳米碳酸钙在塑料工业中的应用范围包括 PVC 型材、管材，电线、电缆外皮胶粒，PVC 薄膜（压延膜）的生产，造鞋业制造（如 PVC 鞋底及装饰用贴片）等；适合用于工程塑料改性、PP、PE、PA、PC 等。

由于纳米级超细碳酸钙具有高光泽度、磨损率低、表面改性及疏油性等特点，可填充在聚氯乙烯、聚丙烯和酚醛塑料等聚合物中，现在又被广泛应用于聚氯乙烯电缆填料中。

（2）橡胶工业。纳米碳酸钙在橡胶工业中的应用范围包括天然胶、丁腈、丁苯、混炼胶等，适用于轮胎、胶管、胶带以及油封、汽车配件等橡胶制品中。

纳米级超细碳酸钙具有超细、超纯的特点，其生产过程中有效控制了晶形和颗粒大小，而且进行了表面改性，因此其在橡胶中既有空间立体结构，又有良好的分散性，可提高材料的补强作用。如链状的纳米级超细碳酸钙，在橡胶混炼中，锁链状的链被打断，会形成大量高活性表面或高活性点，它与橡胶长链形成键连结，不仅分散性好，而且大大增强了补强作用。值得注意的是，纳米碳酸钙不但可以作为补强填充料单独使用，而且也可根据生产需求与其他填充料配合使用，如炭黑、白炭黑、轻钙重钙、钛白粉、陶土等，达到补强、填充、调色、改善加工工艺和提高制品性能、降低含胶率或部分取代白炭黑、钛白粉等价格昂贵的白色填料的目的。

（3）密封胶粘材料。纳米碳酸钙在密封胶粘材料中的应用范围包括硅酮、聚流、聚氨酯、环氧等密封结构胶。

纳米碳酸钙应用于密封胶粘材料中，与胶料有很好的亲和性，可以加速胶的交联反应，大大改善体系的触变性，增强尺寸稳定性，提高胶的机械性能，且添加量大，达到填充及补强双重作用。同时，它能使胶料表面光亮细腻。

（4）涂料工业。纳米碳酸钙在涂料工业中的应用范围包括水性涂料和油性涂料。

纳米碳酸钙可作为颜料填充剂，具有细腻、均匀、白度高、光学性能好等优点。纳米级超细碳酸钙具有空间位阻效应，在制漆中，能使配方密度较大的立德粉悬浮，起防沉降作用；制漆后，漆膜白度增加，光泽高，而遮盖力却不下降，这一特性使其在涂料工业被大量推广应用。纳米碳酸钙能大大改善体系的触变性，显著提高涂料的附着力；能部分取代钛白粉，降低成本。

（5）油墨行业。纳米碳酸钙适用于平版胶印油墨、凹版印刷油墨等。

使用纳米碳酸钙所配置的油墨，身骨及黏性较好，具有良好的印刷性能；稳定性好；干性快且没有相反作用；由于颗粒小，故印品光滑，网点完整，可以提高油墨的光洁度，适用于高速印刷。作为填料，纳米碳酸钙可替代价格较高的胶质钙，并可提高油墨的光泽度和亮度。

（6）造纸工业。纳米碳酸钙在造纸工业中的应用范围包括卷烟纸、记录纸、簿页印刷纸、高白度铜版纸以及高档卫生巾、纸尿布等。

纳米碳酸钙可用于涂布加工纸的原料，特别是用于高级铜版纸。它由于分散性能好、黏度低，因此能有效地提高纸的白度和不透明度，改进纸的平滑度、柔软度，改善油墨的吸收性能，提高保留率。造纸中加入纳米碳酸钙可以提高纸张的松厚度、表观细腻性、吸水性；提高特种纸的强度、高速印刷性；调节卷烟纸的燃烧速度。

（7）饲料行业。纳米级碳酸钙用于饲料行业，可作为补钙剂，增加饲料的含钙量。

（8）其他行业。纳米碳酸钙在化妆品中使用，由于纯度高、白度好、粒度小，可以部分替代钛白粉。在牙膏中添加纳米碳酸钙可以改善其挤出性能。

随着我国橡胶、塑料、造纸、涂料、油墨、医药等工业的迅速发展，产品质量和行业标准的不断提高，纳米碳酸钙将被大量使用在各行业中，替代进口同类产品。

2.2 钙钛矿太阳能电池

2.2.1 钙钛矿与钙钛矿太阳能电池

钙钛矿是指一类陶瓷氧化物，其分子通式为 ABO_3；此类氧化物最早被发现，是存在于钙钛矿石中的钛酸钙（$CaTiO_3$）化合物，因此而得名。其化学组成为：CaO 41.24%，TiO_2 58.76%。类质同象混入物有 Na、Ce、Fe、Nb。

钙钛矿常成副矿物见于碱性岩中，有时在蚀变的辉石岩中可以富集，主要与钛磁铁矿共生。其一般为立方体或八面体形状，具有光泽，浅色到棕色。它们可用于提炼钛、铌和稀土元素，但必须是大量聚集时才有开采价值。

钙钛矿太阳能电池是利用钙钛矿型的有机金属卤化物半导体作为吸光材料的太阳能电池，即将燃料敏华太阳能电池中的燃料做了相应的替换。

2.2.2 钙钛矿太阳能电池的作用与优点

科学家们在最新研究中发现，一种钙钛矿特定结构晶体的有机太阳能电池，具有大晶粒尺寸的平滑钙钛矿层允许吸收更多的光能，其转化效率或可高达 50%，为目前市场上太阳能电池转化效率的 2 倍，能大幅降低太阳能电池的使用成本。

宾夕法尼亚大学能源创新研究中心联合主任安德鲁·阿姆表示，以新式钙钛矿为原料制造的太阳能电池能将大约一半的太阳光直接转化为电力，与传统的硅和碲化镉材料太阳能电池相比，只需一半太阳能电池就可提供同样的电力，这将大大减少安装成本，从而让总成本显著降低。与传统太阳能电池材料不同，钙钛矿新材料并不需要电场来产生电流，这将减少所需材料的数量，产生的电压也更高，从而增加能量产出。而且，钙钛矿新材料也能很好地对可见光做出反应，这对太阳能电池来说意义重大。

美国和法国的研究人员发现，老化的钙钛矿太阳能电池在短暂的黑暗中具有自我修复的能力。钙钛矿太阳能电池的老化是由电荷积聚在电池内造成的，并未对其晶体结构造成任何损伤，只需要将其置于黑暗中短暂停留，即可“疏散”这些被困电荷，电池性能便可以自动恢复并开始正常运行。

该项研究解决了钙钛矿型电池的光稳定性问题，为进一步提高钙钛矿型太阳能电池长期运行提供了有力的参考。

2.3 新型纳米级钙环保材料

在当下碳酸钙产业发展遭遇环保的重压态势下，新型纳米级钙环保材料的发展是企业必然的选择。提升产品高附加值，开发市场消费领域，降低企业生产碳排放，推动企业绿色循环发展，是新型纳米级钙环保材料唯一的出路及发展方向。

以下就年产 40 万吨新型纳米级钙环保材料的生产工艺、条件控制、技术经济指标、环保措施、产品优点及作用等做出分析。

2.3.1 生产工艺

新型纳米级钙环保材料以石灰石为原料，石灰石依据要求完成开采、破碎，加工达到生产粒度。

回转窑原料存储在 40000t 以上。为保证石灰中的活性钙焙烧质量均匀，回转窑石灰石粒度要求为 40~70mm。

新型纳米级钙环保材料生产系统由原料上料系统、回转窑焙烧系统、成品出料系统、环境除尘系统、煤粉制备系统、水循环系统、电气和仪表自控控制系统、消防系统、通讯系统组成，其生产工艺流程如图 2-1 所示。

石灰石通过破碎料槽卸入原料皮带，再送至回转窑预热器。系统设置除尘设施，防止生产过程产生扬尘污染。皮带采用防尘罩密封。原煤进入料槽，通过皮带输送机、斗式提升机卸入原煤仓，原煤通过计量皮带进入煤立磨，经过烘干、研磨、选粉后，合格的煤粉进入煤立磨专用除尘器集中收集，并通过螺旋输送机卸入煤粉仓，最后经过煤粉计量秤，由罗茨风机送到各窑头燃烧器使用。

2.3.2 条件控制

（1）地理气候条件。平均气温为 10~25℃，最高气温为 38℃，最低气温为-20℃，平均降雨量为 500~700mm。

（2）地震设防烈度。地震设防烈度为 8 度，工程设计基本地震加速度为 0.20g，地震分组为第一组。

（3）石灰窑外围条件。

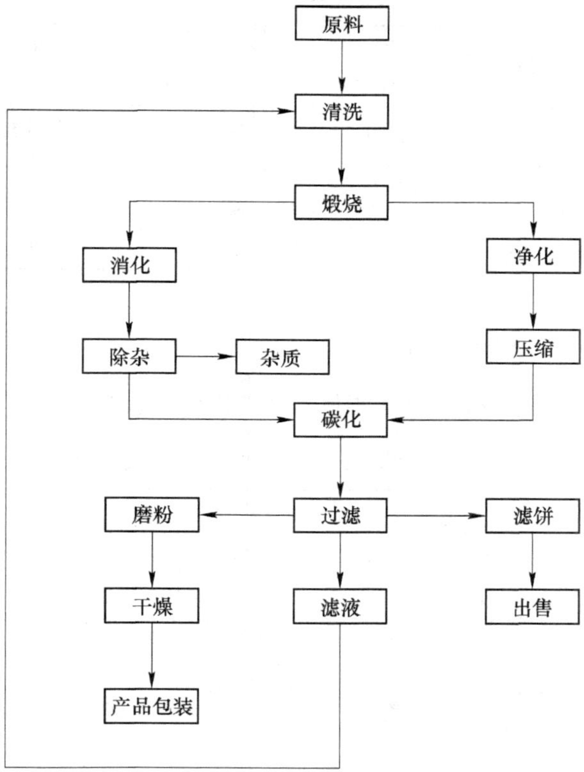

图 2-1 新型纳米级钙环保材料生产工艺流程

1）原料、成品、燃料运输方式。石灰石原料由矿山至新型纳米钙环保材料生产线采用皮带运输，原煤燃料及相关物资进厂和新型纳米钙环保材料成品外运采用汽车运输。

2）供电、水、氮气、压缩空气。供电采用 10kV 电源；供水采用管道输送；供空气采用建压缩空气站的方式；氮气需要量少，罐装外购。

3）燃料条件。工程煤作为燃料，燃煤热值大于 23100kJ/kg。

4）石灰石条件。新型纳米钙环保材料产品质量要求达到《冶金石灰》（YB/T 042—2014）的标准，石灰石原料化学成分（理化指标）见表 2-1。

表 2-1 石灰石原料化学成分（理化指标）

类别	品级	$w(CaO)$ /%	$w(MgO)$ /%	$w(SiO_2)$ /%	$w(S)$ /%	灼减 /%	活性度 (4mol/mL，40℃ ±1℃，10min)/mL
普通冶金石灰	特级	≥92.0	<5	≤1.5	≤0.020	≤2	≥360
	一级	≥90.0		≤2.5	≤0.030	≤4	≥320
	二级	≥85.0		≤3.5	≤0.050	≤7	≥260
	三级	≥80.0		≤5.0	≤0.100	≤9	≥200

2.3.3 主要技术经济指标

新型纳米钙环保材料主要技术经济指标见表 2-2。

表 2-2 新型纳米钙环保材料主要技术经济指标

序号	项 目	回转窑	备 注
1	产能	2×600t/d	
2	建设规模	2 座	
3	燃料种类	无烟煤及烟煤	
4	燃料热值	>23100kJ/kg	
5	石灰单位热耗	约为 1200kJ/kg	
6	单位电耗	45kW · h/t	
7	燃料单耗	220kg/t	
8	窑内工作压力	负压	
9	原料粒径	40~70mm	
10	焙烧原理	逆流蓄热	指气流方向与物料方向相反
11	石灰活性度	≥350mL	4mol/L HCl、10min 滴定，是国内实际生产数据
12	生过烧率	≤5%	国内实际生产数据
13	石灰中残余 CO_2 含量	≤2%	国内实际生产数据
14	年作业天数	330 天	
15	年作业率	91%	不含配套设施的影响

2.3.4 环保措施

2.3.4.1 粉尘和烟尘的防治措施

为了有效地控制粉尘和烟尘的排放，减轻对周围环境的影响，设计采取以防为主的办法，从工艺流程上减少扬尘环节。选择扬尘少的设备，粉状物料输送采用密闭式输送设备。物料转运降低排料落差，减少粉尘飞扬，粉状物料储存采用密闭仓。放散有毒、有害物质的生产设施和设备加强密闭，采用自动化机械作业，避免人工直接操作。车间进行通风换气，外排烟气应净化处理。

2.3.4.2 除尘设置

除尘系统为负压式，净化设备采用低压脉冲袋式除尘器，覆膜滤料，窑尾除尘系统过滤风速不大于0.8m/min。除尘风机采用离心式风机，经袋式除尘器净化后排放浓度（标态）不大于20mg/m^3。窑尾除尘风机、粉尘分离除尘系统风机设变频调速，其余除尘风机均为恒速运行。除尘系统采用机电一体化设备，设自动和手动控制方式。除尘风机设装置操作和远程操作。

2.3.5 产品优点与作用

新型纳米钙环保材料的优点是：

（1）设备国产化程度高，工艺操作简单、生产成本低；

（2）无团聚现象、分散均匀，作为功能性填料，添加效果好；

（3）可进行干法和湿法改性，产品多样化，功能化性能强。

新型纳米钙环保材料的作用是：

粒径小于0.1μm的新型纳米钙环保材料不仅可以起到增容降低成本的作用，而且在塑料、橡胶、纸张和牙膏中，具有补强的作用。粒径小于0.02μm的新型纳米钙环保材料，可与白炭黑相比；粒径小于0.08μm且粒径分布很窄的新型纳米钙环保材料，可以作为汽车底盘涂料保护汽车底盘防石击。

日本在纳米碳酸钙的研制、生产、应用方面处于国际领先地位，现已有纺锤形、立方形、针形、球形、链锁形及无定形等形态及表面改性的品种达50余种。美国着重于超细碳酸钙在造纸和涂料上的应用。近20年来，英国涂料专用超细碳酸钙的研制在汽车领域中占垄断地位。

今天，我国的纳米碳酸钙、钙钛矿太阳能电池和新型纳米钙环保材料虽然有了不小的成绩，但与国际同类产品还相距甚远，还需要科研团队和企业共同努力。

3 金属钙生产工艺与技术创新

3.1 电解法金属钙生产

从电解法金属钙工艺的历史发展来说，较早的电解工艺为接触电解法，随着电解工艺的不断发展，逐步改进为液体阴极电解法，最终发展为熔盐电解法。

3.1.1 接触电解法

接触电解法是拉特瑙（W. Rathenau）于1904年首先应用的。此法的电解质为 $CaCl_2$ 和 CaF_2 的混合物。电解槽阳极用碳素如石墨等做内衬，阴极用钢制成。电解析出的钙漂浮在电解质表面，同钢制阴极接触而冷凝在阴极上。随着电解的进行，阴极相应提升，钙在阴极形成一个胡萝卜形的棒状物。一台电流强度为1000A的电解槽，电解质的温度约为800℃，阴极电流密度为40~60A/cm^2，槽电压25~30V。接触电解法生产钙的缺点是：原料消耗大，金属钙在电解质中的溶解度高，电流效率低，产品质量差（含氯1%左右）等。

3.1.2 液体阴极电解法

液体阴极电解法是以铜钙合金（含钙10%~15%）作为液体阴极，以石墨作为阳极，电解槽槽壳用铸铁制作，电解质是 $CaCl_2$ 和 KCl 的混合物，电解析出的钙沉积在阴极上。选择铜作液体阴极的合金成分是因为铜钙相图中在高钙含量区域内，存在着非常广泛的低熔点区域，可以在低于700℃制取含钙60%~65%的铜钙合金。同时铜蒸气压小，在蒸馏时容易分离。此外，含钙60%~65%的铜钙合金的密度较大（2.1~2.2g/cm^3），能保证与电解质很好地分层。一台电流强度为7600~8000A的电解槽，槽电压为9.5~10.5V，电解质温度670~700℃，阳极电流密度为1.9~2.1A/cm^2，电解质组分控

制在 $w(CaCl_2)/w(KCl)=(78\%\sim82\%):(22\%\sim18\%)$。阴极合金中钙含量不超过 62%~65%，电流效率约为 70%，每千克钙消耗 $CaCl_2$ 为 3.4~3.5kg。

电解生产的铜钙合金在 1.33Pa 真空和 750~800℃温度条件下进行第一次蒸馏，以除去易挥发的钾、钠等杂质，然后在 1050~1100℃下进行第二次真空蒸馏。钙在蒸馏罐上部冷凝、结晶，而残铜（含钙 10%~15%）留在罐底，返回电解槽使用。取出的结晶钙即为工业钙，品位为 98%~99%。如果原料 $CaCl_2$ 中钠、镁总含量小于 0.15%，则铜钙合金经过一次蒸馏，即可得到含量不低于 99%的金属钙。

3.1.3 熔盐电解法

1855 年，在实验室通过电解熔融的 $CaCl_2$ 获得了金属钙。1896 年，在工业上实现了用熔盐电解法生产金属钙。20 世纪 50 年代末至 60 年代初期，包头融华钙业有限责任公司（原 202 厂钙厂，以下简称 202 钙厂）引进苏联熔盐电解法金属钙生产工艺，建立了我国第一家金属钙生产企业。

起初，金属钙产品仅应用于核工业军品领域，生产规模较小，202 钙厂钙的年产量不超过 500t。20 世纪 80 年代初，金属钙产品开始进入民品市场，202 钙厂钙年产量也达到了 1000t。到 20 世纪 90 年代，随着金属钙产品应用领域的不断扩大，202 钙厂进行了第一次熔盐电解法金属钙生产线改扩建，钙年产量达到 2000t。在 20 世纪 90 年代末，202 钙厂进行了第二、三次熔盐电解法金属钙生产线改扩建，钙年产量达到 5000t。进入 21 世纪，该厂又进行了第四次熔盐电解法金属钙生产线改扩建，钙年产量达到 7000t，成为当时亚洲乃至世界生产能力最大的熔盐电解法金属钙生产企业。

3.1.3.1 熔盐电解法的基本情况

A 氯化物熔盐电解法的原料

氯化物熔盐电解法用的原料是无水 $CaCl_2$。无水 $CaCl_2$ 可用两种方法来生产。

(1) 有碳存在时，在 800~1000℃温度下氯化 CaO 获得熔融

$CaCl_2$，其化学反应为：

$$CaO+C+Cl_2 \longequal CaCl_2+CO$$
$$2CaO+C+2Cl_2 = 2CaCl_2+CO_2$$
$$3CaO+2C+3Cl_2 = 3CaCl_2+CO+CO_2$$

以上三个反应是先后发生。

（2）六水氯化钙（$CaCl_2 \cdot 6H_2O$）在 NH_3 或 HCl 气氛下脱水获得无水 $CaCl_2$（固体）或熔融 $CaCl_2$（830~850℃）。

$CaCl_2 \cdot 6H_2O$ 在加热脱水时，于 29.5℃时会融入自身的结晶水中，造成脱水困难。由 $CaCl_2 \cdot 6H_2O$ 脱水至低水 $CaCl_2$ 时（$CaCl_2 \cdot 2H_2O$、$CaCl_2 \cdot H_2O$），$CaCl_2$ 会发生水解反应生成 CaO，反应式为：

$$CaCl_2 \cdot 6H_2O = CaCl_2 \cdot 4H_2O+2H_2O$$
$$CaCl_2 \cdot 4H_2O = CaCl_2 \cdot 2H_2O+2H_2O$$
$$CaCl_2 \cdot 2H_2O = CaOHCl+HCl(g)+H_2O(g)$$
$$CaCl_2 \cdot H_2O = CaOHCl+HCl(g)$$
$$CaCl_2+H_2O = CaOHCl+HCl(g)$$
$$CaOHCl = CaO+HCl(g)$$
$$CaCl_2+H_2O = CaO+2HCl(g)$$

这些反应造成了 $CaCl_2$ 的损失。为了避免 $CaCl_2$ 的水解，含水 $CaCl_2$ 的脱水应在 NH_3 或 HCl 气氛下进行。这样可以获得纯度高的无水固体 $CaCl_2$ 或熔融 $CaCl_2$。

B　电解无水 $CaCl_2$ 的电解质组分及其作业条件

电解无水 $CaCl_2$ 时，为了获得高的电解池效率，电解质是由 $CaCl_2$ 与 CaF_2 组成，或是纯无水 $CaCl_2$。电解无水 $CaCl_2$ 的作业条件为：

（1）电解温度 820~830℃；

（2）槽电压约 25V（其中 22V 为电解质电压降，3V 为极化反电动势，800℃时，$CaCl_2$ 的分解电压为 3.2V）。

在电解作业温度下，金属钙在电解质中的溶解度变为 17%，这就给生产液态金属钙造成极大的困难，因此电解法生产金属钙是用水冷却的铁阴极生产钙棒（生产钙棒的铁质阴极的电流密度为 80~100A/cm^2）。

C 电解熔融 $CaCl_2$ 的技术经济指标

下面列出的技术经济指标是针对一台电流强度为2000A的电解槽（试验槽）而言的，如果是大电流强度的电解槽，其技术经济指标（指电流消耗与原料消耗）较优。

（1）每生产1t钙，电能消耗36000kW·h；

（2）电流效率75%；

（3）每生产1kg钙，无水 $CaCl_2$ 消耗2.76kg（实际上为4~4.5kg）；

（4）钙棒熔化后含钙为98.4%~98.6%，其他为Fe、Al、Na、Si及电解质夹杂物；

（5）粗钙经过升华精炼后含Ca 99.50%、含Fe 0.02%、含Si 0.15%。

D 电解熔融 $CaCl_2$ 生产Ca-Pb或Ca-Zn合金

金属钙除了用作除气剂外，主要还用于生产供制造轴承用的Ca-Pb、Ca-Zn合金。可以直接在电解槽中用液态Pb阴极或液态Zn阴极电解法熔融 $CaCl_2$，使阴极表面Ca体扩散，在电解槽中聚积为Ca-Pb或Ca-Zn合金，然后，定时用勺从聚积坑中将Ca-Pb或Ca-Zn合金舀出放入合金磨具。

用液态Pb或Zn阴极电解熔融 $CaCl_2$ 时，电解质中加有20%KCl来降低熔化温度，故其作业温度为750℃。当定时出Ca-Pb、Ca-Zn合金后，必须按生产量定时加入Pb或Zn。用这种方法生产Ca-Pb或Ca-Zn合金，合金中的Ca含量可达60%~65%。从电解槽中取出的Pb-Ca、Zn-Ca合金，倒入生铁铸模中铸锭，然后用水洗去合金锭表面的电解质，晾干后即可入库。

这种方法能耗低、原材料消耗低、成本低，是生产Ca-Pb、Ca-Zn合金最简单的方法。

3.1.3.2 熔盐电解法金属钙生产工艺流程

熔盐电解法金属钙生产工艺流程如图3-1所示。外购的石灰（氧化钙）经消化后，成为氢氧化钙水溶液。氢氧化钙水溶液在吸收塔内与电解槽产生的氯气反应，生成氯化钙水溶液，经中和、净化和过滤，成为氯化钙净母液。氯化钙净母液经干燥脱水后，成为无水颗粒氯化钙中间产品。颗粒氯化钙产品加入电解槽，在直流电的作用下，阴极产物为金属钙，阳极产物为氯气。金属钙经真空蒸馏后成为金属钙锭，氯气则输送到吸收岗位。金属钙锭经机械加工后成为钙块、钙屑和钙粒等产品。

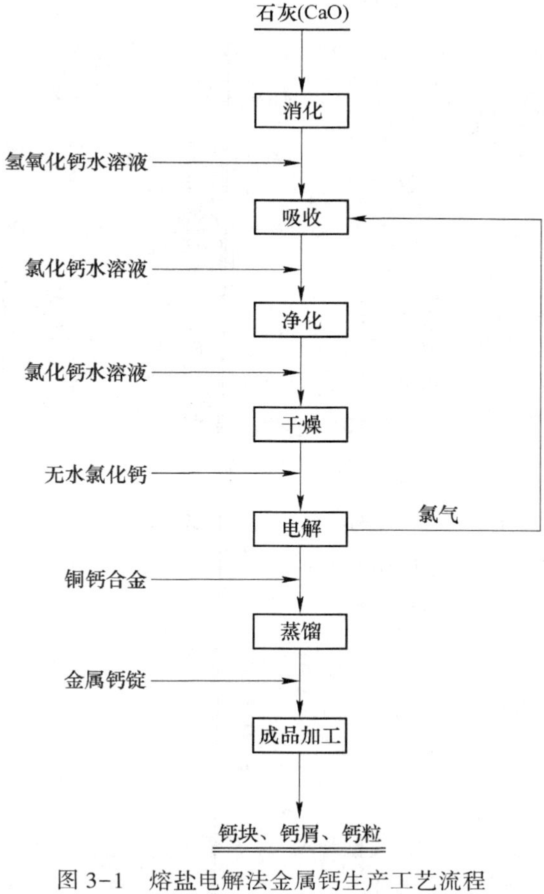

图 3-1 熔盐电解法金属钙生产工艺流程

（1）吸收净化工序。吸收净化工序的主要工作是在湍球塔内，用石灰乳（氢氧化钙溶液）吸收电解槽产生的氯气，生成氯化钙粗母液。粗母液经中和、过滤除渣后，成为氯化钙净母液供干燥使用。

（2）干燥工序。干燥工序的主要工作是将氯化钙净母液进行干燥脱水，制取无水氯化钙，供电解使用。

（3）电解工序。电解工序的主要工作是在直流电的作用下，熔融电解氯化钙（电解钙熔融二艺现场见图 3-2），阳极产生氯气，阴极产生钙。阴极产生的钙与电解铜形成铜钙富合金，供蒸馏使用；阳极产生的氯气送吸收湍球塔内。

图 3-2　某厂电解钙熔融工艺现场

（4）蒸馏工序。电解钙蒸馏工艺现场如图 3-3 所示。蒸馏工序的主要工作是在真空高温状态下，将铜钙富合金中的钙与铜进行分离，获得高纯度的金属钙锭。

图 3-3　某厂电解钙蒸馏工艺现场

（5）钙制品加工工序。钙制品加工工序的主要工作是采用机械加工的方法，将金属钙锭加工成为钙块、钙屑、钙粒、钙棒、钙丝等钙制品。电解钙块、钙屑加工现场如图 3-4、图 3-5 所示。

图 3-4　某厂电解钙块加工现场

图 3-5　某厂电解钙屑加工现场

3.1.3.3　熔盐电解法金属钙生产工艺的特点

（1）工艺设计的系统性和完整性。熔盐电解法金属钙生产工艺，从原材料投入到成品加工，工艺设计具有系统性和完整性，始终保持化工和冶金两个系统的物料循环，即“氯气→氯化钙回收”循环系统和"电解铜→铜钙合金"循环系统。第一个循环系统通过回收氯气，既解决了电解过程产生的氯气对环境污染的问题，又可以将回收后的氯气转换成为电解生产的主要原材料。第二个循环系统能够保证生产过程中，电解铜的消耗仅仅是机械损耗，即生产 1t 金属钙的电解铜消耗非常小，不需要投入大量的电解铜资金。

（2）产品质量的先进性。熔盐电解法金属钙生产工艺，其金属钙产品的质量具有世界先进水平。这是因为熔盐电解法金属钙生产的目标，是为核工业（军品）服务的，工艺设计要求最终产品必须满足核工业（军品）的需求，所以生产工艺决定产品质量，这也是其他生产工艺无法比拟的。《金属钙及其制品》（GB/T 4864—2008）是现行的熔盐电解法金属钙生产国家标准，它从另一个侧面反映了熔盐电解法金属钙生产的产品质量代表国内先进水平。电解法金属钙产品先后于 1982 年、1988 年两次荣获国家质量银质奖，1989 年荣获北京首届博览会金奖。

（3）生产工艺的先进性。经过 50 多年的生产运行，技术人员先后对熔盐电解法金属钙生产工艺及装置进行了多次技术改造，如蒸馏罐技术改造、吸收湍球塔工艺技术改造、干燥氯化钙沸腾造粒工艺技术改造、干燥供热系统工艺技术改造、电解整流机组技术改造、电解槽石墨阳极装置技术改造等等。

（4）成本的经济性。由于熔盐电解法金属钙具有世界上最先进的生产工艺，因此生产成本一直保持在国际先进水平。特别是金属钙进入民品市场后，企业不断注入资金进行技术更新与改造，提升工艺与工艺装备水平，提高生产效率，降低消耗，降低生产成本，以优质的产品、合理的价格占领国际和国内金属钙市场。

3.1.3.4 熔盐电解法金属钙生产工艺的优势

（1）工艺过程成熟稳定。熔盐电解法生产工艺经过 50 多年不断的技术改造，已经形成了自己独特的、成熟稳定的生产工艺。目前，其各项经济技术指标和原材料消耗指标均为历史最好水平，生产成本进一步降低，经济效益明显提高。

1）吸收净化工序。1978 年进行了吸收工艺技术改造，改造后氯气回收率达到 99.0%，提高了 4%。工艺操作的简化，降低了工人的劳动强度。

2）干燥工序。1987 年进行了干燥工艺技术改造，改造后生产能力提高 20%。1996 年，进行了干燥热源工艺技术改造，热能利用率提高 30%，为当时国内热效率最高的加热设备。以上两项技术改造后，自动化程度提高，大大降低了工人的劳动强度。

3）电解工序。电解槽单槽产量和电流效率是衡量电解工艺水平的重要参数。经过数十年的工艺试验和工艺参数调整，在电解质成分、电解质温度，特别是电流密度控制方面取得了突破，电解槽单槽产量从 9.0t/月提高到 10.5t/月，电流效率达到 78%，提高了 8%。

4）蒸馏工序。1968~1970 年进行了蒸馏罐设备技术改造，产量提高 45%，蒸馏罐消耗降低 30%，电耗降低 20%。

（2）产品应用领域广泛。熔盐电解法金属钙产品的钙含量能够达到 99.9%，如果进行工艺调整，钙含量可以达到 99.99%。除核工业外，蓄电池制造、钢铁冶金、稀土金属冶炼、有色金属冶炼、制药等领域对高纯度金属钙产品的需求量日益增加。因此，熔盐电解法金属钙产品有着非常宽广的应用领域。

（3）规模效益明显。我国熔盐电解法金属钙的产能和产量现居世界第一。无论是生产规模还是人均产值，均为世界一流。随着金属钙需求量的日益增长，其应用领域也在不断扩大，熔盐电解法金属钙也将发挥更大的优势。

3.1.3.5 熔盐电解法金属钙生产工艺展望

由于电解和蒸馏过程需要消耗大量的电能，因此改进电解和蒸馏工艺，降低电能消耗，是熔盐电解法金属钙生产发展的研究重点。目前，我国已经在电解、蒸馏工艺改进方面做了大量的创新性工作，也取得了阶段性成果。电解、蒸馏工艺技术改进实施后，将会大大降低金属钙生产电能消耗，明显降低生产成本，对提高经济效益起到关键作用。

3.2 皮江法金属钙生产

20 世纪 60 年代开始，皮江法（又称为铝热法或真空还原法）金属钙生产工艺先后在法国、美国和加拿大等国家应用。20 世纪 90

年代末期，皮江法工艺进入到我国。2001 年以来，我国的四川省金口河区，山西省闻喜县、武乡县、交口县、刘胡兰镇和屯留县，陕西省府谷县，河南省巩义市及内蒙古乌海镇等地，先后建成了多条皮江法金属钙生产线。

目前，仅我国山西省已经建成的皮江法金属钙冶炼企业，年产规模就达到了 5 万吨，远远超过了熔盐电解法金属钙年产 2000t 的规模。从规模来讲，皮江法已成为金属钙生产的主流工艺。

3.2.1 20 世纪中期的皮江法

皮江法是生产金属钙的主要方法之一。它通常以石灰石为原料，以铝粉为还原剂。石灰石煅烧生成氧化钙后，与铝粉按一定比例混合均匀，压制成球，在 0.01Pa 真空和 1190~1250℃ 下反应，生成钙蒸气和铝酸钙，其反应式是：

$$6CaO+2Al \longrightarrow 3Ca+3CaO \cdot Al_2O_3$$

还原出来的钙蒸气在 750~400℃ 下结晶。结晶钙再在氩气保护下熔融铸锭，得到致密的钙棒。

20 世纪中期，皮江还原法生产钙的回收率一般在 60%左右。这一时期皮江法金属钙生产工艺流程如图 3-6 所示。

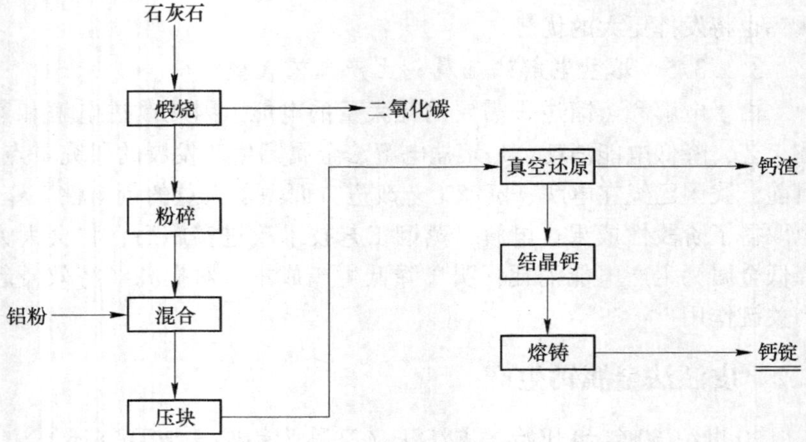

图 3-6 20 世纪中期皮江法金属钙生产工艺流程

3.2.2 21世纪的皮江法

进入21世纪，在真空状态下采用皮江法生产的粗钙品位可以达到98.5%以上。随着近10年我国金属钙工业的发展和技术进步，皮江法金属钙生产工艺条件和技术参数发生了很大的变化。某厂皮江法金属钙生产车间现场如图3-7所示。

图3-7 某厂皮江法金属钙生产车间现场

用铝作还原剂，在高温、高真空中还原CaO生产金属钙，可按如下三个还原反应式进行：

$$6CaO+2Al = 3CaO \cdot Al_2O_3+3Ca \tag{3-1}$$

$$4CaO+2Al = CaO \cdot Al_2O_3+3Ca \tag{3-2}$$

$$33CaO+14Al = 12CaO \cdot 7Al_2O_3+21Ca \tag{3-3}$$

以上述哪个反应式来控制生产，取决于在相同的真空条件下，反应产物的生成温度与生成速度、反应产物的稳定性以及钙蒸气从反应物中的溢出速度。

3.2.2.1 还原条件

（1）还原温度：1190~1250℃；

（2）真空度：2.66~6.66Pa；

（3）还原剂铝粒的粒度：0.833mm；

(4) 还原时间根据还原罐中装料的量做相应调整，如果罐中装料为120kg，则还原周期的时间为12~14h。

3.2.2.2 原料的生产与加工

A 石灰（CaO）的生产

(1) 石灰石的品位：$w(CaO)>96\%$；$w(Al_2O_3+Fe_2O_3)<0.5\%$；$w(SiO_2)>0.5\%$；$w(K_2O+Na_2O)<0.01\%$；水化活性度大于30%。

(2) 石灰石的煅烧条件。

1) 煅烧温度：视石灰石的矿物结构与块度而定，一般大于1200℃；

2) 煅烧时间：高温带停留时间小于3h，石灰石的烧损率为43%~44%，石灰灼减量小于0.3%。

B 铝粒的生产

还原用的铝应以一级铝锭为原料，在切削机和磨机中加工成为0.833mm的铝粒。其品位：$w(Al)>99\%$，$w(Fe+Si+Ni)<1.0\%$。

C 萤石原料的加工与作用

将$w(CaF_2)>98\%$的天然萤石放入球磨中，细磨至粒度为0.074mm的萤石粉使用，可以提高真空炉温，有效节省燃料成本。萤石的添加量，可根据生产实践或实验值来确定。

3.2.2.3 铝粒的配量

用铝粒作还原剂还原CaO生产金属钙，通常按反应式（3-1）~式（3-3）之一进行配料。一般2t石灰可以生产1t金属钙，1t金属钙需要600kg铝粒做还原剂，以石灰为计算基础，铝粒的配入量为30%。

3.2.2.4 炉料的加工

石灰、铝粒、萤石三种原料可分别进行细磨，也可采用混合磨成为炉料，然后在压球机中压成核状细球团，用牛皮纸袋包装后送去还原。

3.2.2.5 球团的真空热还原

球团装入还原炉的还原罐中，在1190~1250℃、2.66~6.66Pa的真空度下进行还原。钙蒸气在还原罐的冷凝器中冷凝。还原周期结束后，从冷凝口中取出粗钙。粗钙含 Ca 为 97.5%~98.5%，粗钙的还原效率一般小于 50%。粗钙经过精炼后可以获得含 Ca 在 99.5% 以上精炼钙。

3.2.2.6 皮江法金属钙生产的特点

某厂皮江法金属钙真空还原炉现场如图 3-8 所示。皮江法金属钙生产的特点有：

（1）石灰与还原剂的反应是在固体—固体、固体—气体相之间进行的，两相之间物质的扩散速度，直接影响反应速度。

（2）还原反应为吸热反应，因而团块的传热和团块反应层的热传导过程，即传热速率对总反应速率的影响较大。

（3）还原反应过程中，只有钙向外扩散。

（4）团块外层部分的还原率比团块内层的还原率高，因此可以认为还原反应是从团块表面逐步向内推进的，故反应属于缩核反应过程。反应在界面上进行是钙蒸气从团块内向外扩散的速度与热量从外向团块内部传递的速度相互制约的结果。基于这个原理，皮江法生产金属钙，就是建立在两相物质的传热与给热速率的关系上（即能量的动态平衡），也建立在反应产生的钙的速度与扩散传输的钙的速度的关系上（即质量的动态平衡）。当解决了反应区内能量与质量的动态平衡时，用铝还原 CaO 的过程，才具有最大的还原效率。

图 3-8 某厂皮江法金属钙真空还原炉现场

3.2.3 用皮江法炼镁的设备生产金属钙的经济性

无论是用氯化物熔盐电解法还是用皮江法真空还原生产金属钙，都可以获得含 Ca 在 99.5%以上的金属钙。但是用氯化物熔盐电解法生产金属钙不仅能耗高，而且环境污染严重。而用皮江还原法生产金属钙，不仅能耗低，而且还解决了环境污染的问题。这里着重提出用皮江法炼镁的设备来生产金属钙的经济性。

3.2.3.1 皮江法炼镁与炼钙的共性工艺流程

皮江法炼镁与炼钙的共性工艺流程如图 3-9 所示。从图可以看出，除了原料不同外，皮江法炼镁与炼钙不仅工艺设备完全相同，而且操作方法也相同；二者虽然工艺条件不同，但控制方法、生产管理完全相同。因此用皮江法炼镁的设备来生产金属钙，不需要增添任何设备、工具仪表，也不需要改造设备。

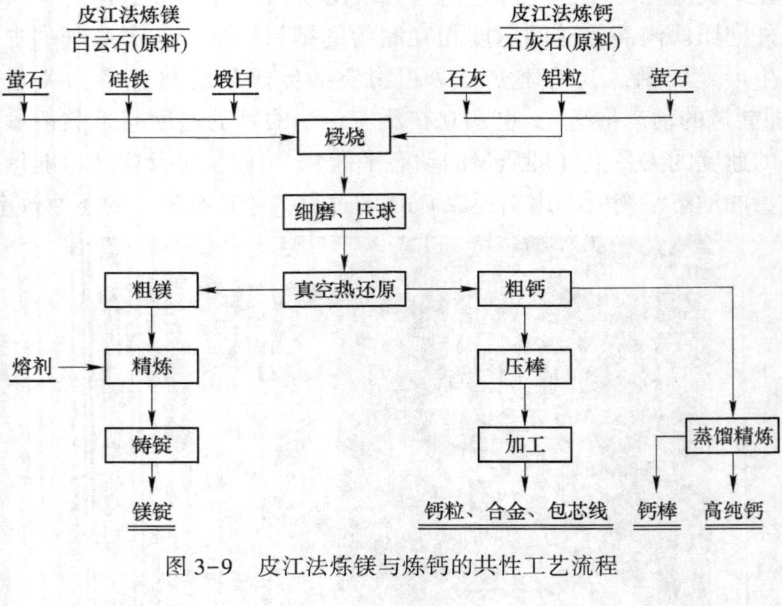

图 3-9 皮江法炼镁与炼钙的共性工艺流程

3.2.3.2 皮江法炼镁与炼钙的技术条件

表 3-1 列出了皮江法炼镁与炼钙的技术条件对比。可以看出，

二者设备相同，工艺技术条件也基本相似。这进一步表明了，在共性工艺流程上，控制好这些技术条件，完全可以达到生产的最佳效果。

表 3-1 皮江法炼镁与炼钙的技术条件对比

<table>
<tr><th colspan="3">技术条件</th><th>皮江法炼镁</th><th>皮江法炼钙</th></tr>
<tr><td rowspan="8">原料煅烧</td><td colspan="2">原料</td><td>白云石</td><td>石灰石</td></tr>
<tr><td colspan="2">温度/℃</td><td>1150~1200</td><td>1200~1250</td></tr>
<tr><td colspan="2">时间/h</td><td>高温段 2~3</td><td>高温段 3</td></tr>
<tr><td rowspan="2">矿石粒度/mm</td><td>回转窑</td><td>15~40</td><td>15~40</td></tr>
<tr><td>竖窑</td><td>80~200</td><td>80~200</td></tr>
<tr><td rowspan="2">产物情况/%</td><td>烧损率</td><td>46.5~47.5</td><td>43~44</td></tr>
<tr><td>减量</td><td><0.3</td><td><0.3</td></tr>
<tr><td colspan="2">水化活性度/%</td><td>28~34</td><td>>30</td></tr>
<tr><td rowspan="2">配料</td><td colspan="2">配比</td><td>按 $2(MgO \cdot CaO)+Si = 2Mg+2CaO \cdot SiO_2$ 反应配料，配硅比由生产确定</td><td>按式（3-1）~式（3-3）配料，配铝比由生产确定</td></tr>
<tr><td colspan="2">品位</td><td>硅铁品位：$w(Si)>75\%$；萤石：$w(CaF_2)>94\%$</td><td>铝品位：$w(Al)>98\%$；萤石：$w(CaF_2)>94\%$</td></tr>
<tr><td colspan="3">炉料粒度</td><td>100%为-150μm，其中萤石-200μm</td><td>石灰100%为-100μm，萤石-200μm，铝粒0.833mm</td></tr>
<tr><td colspan="3">球团</td><td>用LYQ型压球机压球，油缸工作压力1400~1600MPa；球团形状为核桃状</td><td>用LYQ型压球机压球，油缸工作压力1400~1600MPa；球团形状为核桃状</td></tr>
<tr><td rowspan="4">真空还原</td><td colspan="2">温度/℃</td><td>1180~1190</td><td>1200~1250</td></tr>
<tr><td colspan="2">周期/h</td><td>8~10</td><td>12~14</td></tr>
<tr><td colspan="2">真空度/Pa</td><td>7~13（蒸汽喷射泵）</td><td>3~7（蒸汽喷射泵+机械泵）</td></tr>
<tr><td colspan="2">还原效率/%</td><td>80~85</td><td>30~40</td></tr>
<tr><td colspan="3">精炼</td><td>采用熔剂精炼粗镁，温度720~750℃，精镁质量为 $w(Mg)=99.98\%$</td><td>采用蒸馏精炼粗钙，精钙质量为 $w(Ca)=99.5\%$，精钙可压制成棒或丝等产品，含钙99%</td></tr>
</table>

3.2.3.3 皮江法炼钙的设备组合

用皮江法炼镁设备生产金属钙，最理想的设备组合如下：

（1）选用窑头扩大型的（2.8～3.2）m×(55～60)m 的回转窑（对年产金属钙5000t而言）煅烧石灰石。

（2）采用微机配料，磨拌混料采用1.2m×2.4m球磨机。

（3）采用LYQ型对辊压球机，产能2t/h。

（4）采用单面、双排具有48～50只罐的还原炉，将蓄热燃烧技术应用到钙还原炉，还原罐材质为HK-40(25Cr-20Ni)，还原罐规格：内直径260mm、长度2700～3000mm。采用五级蒸汽喷射泵串联真空机组。

3.2.3.4 皮江法炼钙的原料

为了提高还原效率、产品质量及劳动生产率，用皮江法炼钙时所用的原料必须满足下列要求：

（1）石灰石：$w(CaCO_3)>98\%$，$w(R_2O_3+SiO_2)<2.0\%$（R代表非固定的物质），$w(Na_2O+K_2O)<0.01\%$，烧损率43%～44%；石灰石的矿物结构：结晶型、细晶粒岩矿，无解理面，耐磨指数$R_1<10\%$，灰比（是指石灰石的粉末）小于1.5%。

（2）矿化剂：采用金属氟化物，$w(MeF_x)>98\%$，$w(R_2O_3+SiO_2)<2\%$。

（3）铝粉：$w(Al)>99\%$。

3.2.3.5 皮江法炼钙的合理配料

为了降低原材料的消耗和节能，提高还原效率，还原的炉料必须进行合理的配料。

以100kg石灰为计算基础，配Al比为M，若按反应式（3-1）计算，铝的实际配入量为：

$$m_{Al实}=16.0714\times M\times\frac{w(CaO)}{w(Al)},\ kg$$

矿化剂的配入量为：

$$m_{矿}=\frac{(100+m_{Al实})\times(1\%\sim1.5\%)}{w(MeF_x)},\ kg$$

式中，配铝比M按钙与铝的市场价格调整。

若按反应式（3-2）计算，铝的理论配入量为：

$$m_{\text{Al理}} = 24.017 \times \frac{w(\text{CaO})}{w(\text{Al})}, \text{ kg}$$

铝的实际配入量为：

$$m_{\text{Al实}} = 24.017 \times M \times \frac{w(\text{CaO})}{w(\text{Al})}, \text{ kg}$$

矿化剂的配入量为：

$$m_{\text{矿}} = \frac{(100 + m_{\text{Al实}}) \times (1\% \sim 1.5\%)}{w(\text{MeF}_x)}, \text{ kg}$$

若按反应式（3-3）计算，铝的理论配入量为：

$$m_{\text{Al理}} = 20.455 \times \frac{w(\text{CaO})}{w(\text{Al})}, \text{ kg}$$

铝的实际配入量为：

$$m_{\text{Al实}} = 20.455 \times M \times \frac{w(\text{CaO})}{w(\text{Al})}, \text{ kg}$$

矿化剂的配入量为：

$$m_{\text{矿}} = \frac{(100 + m_{\text{Al实}}) \times (1\% \sim 1.5\%)}{w(\text{MeF}_x)}, \text{ kg}$$

将石灰量（kg）与上述计算式中算出的铝量（kg）及矿化剂量（kg）换算成百分比，即为皮江法生产金属钙炉料的配料比。这个配料比是根据炉料的化学组分及最合理的配铝比计算而得到的数值，应该说是炉料最佳、最经济的配料比，在最佳的还原条件下，可获得较高的还原效率。

3.2.3.6 皮江法炼钙的配套生产条件

皮江法炼钙工艺采用煤气、焦炉煤气或天然气为热源；安装余热利用装置，充分采集回转窑与还原炉余热；安装袋式收尘环保设施，将粉碎压球车间的粉尘充分收集并利用；完善温度、压力、煤气流量等机械自动化，加快钙工业互联网在线巡检与运维，提高劳动生产率。

4 钙产品的加工与应用

钙具有很强的正电性，和氧元素、卤元素生成相应的氧化物和卤化物的同时，伴随有很高的热生成。它可作为金属材料及合金材料的还原剂。在炼铁、炼钢和精密铸造中加入钙，可以清除杂质，极大地提高钢质，使之生产出极深冲压板材、取向性高品质硅钢、抗氧化和硫化侵蚀钢、冷镦钢、高切削性能钢和高致密度管材等。

金属钙产品除少量用于军工产品、合金材料外，有近80%的市场为钢铁精炼的催化剂。

4.1 金属钙产品分类

（1）基础加工产品。金属钙最初的产品以钙锭、钙块、钙屑、钙粒等形态销售到合金和包芯线加工等企业。其生产特点是设备简单、工艺简单、技术含量较低。

（2）合金加工产品。钙的合金类产品众多，如钙铝合金、钙镁合金、铅钙合金、钙硼合金、钙铁合金、镍铁钙合金、硅钙合金、硅钙钡合金、硅钙钡铝合金、钙锰硅合金、钙易切削钢、铅钠钙轴承合金、钙铝吸气剂、钙-镍系贮氢合金等。

（3）深度加工产品。钙的深加工产品有钙棒、钙丝、注射合金（高钙线）、钙基包芯线系列、实心纯钙包芯线系列等。

皮江法金属钙的终端产品大多与钢铁精炼喂丝技术密不可分，国内外的喂丝工艺和技术略有不同。

1）国外。注射合金（高钙线）公司的产品以钙粒为原料，通过加工生产线的温度控制，使钙粒最终合成固体，外部采用无缝焊接技术加工而成，配以自主研发的喂丝机使用。

2）国内。早期的金属钙包芯线产品采用钙粒与铁粉、硅粉等金属混合，外部采用咬口式生产技术加工而成。这类产品会导致钢带咬口边锋外漏，喂丝时偶有黏连或停顿。最新的金属钙包芯线，是把钙棒挤压成钙丝，外部采用钢带包裹后，再以无缝焊接技术加工而成，行业俗称“纯钙包芯线”。此技术完全解决了喂丝过程中的黏连或停顿，并且大大提升了钢铁二次熔炼过程中的除渣率。

4.2 钙铝合金

在自然界中，钙是以化合物的形式存在的，纯钙为银白色的轻软金属。在空气中，钙表面很容易被氧化膜覆盖，呈现暗灰色，有延展性，经机械加工，可压成板状或拉丝状。钙的延展性超过铅和铝，可以达到53%。在惰性气氛下，熔解的钙可呈现分层，最适合跟其他元素制成金属钙基系列合金。钙氧化燃烧时会发出耀眼的光芒，遇水会发生强烈的反应。钙的物理化学性质见表4-1。

表4-1 钙的物理化学性质

名称	数值					
电子构型	$1s^2 2s^2 2p^6 3s^3 3p^6 4s^2$					
稳定同位素（相对原子质量）	40	42	43	44	46	48
丰度/%	96.947	0.646	0.1352	0.83	0.186	0.18
沸点/℃	1484					
抗拉强度（退火）/MPa	48					
屈服强度（退火）/MPa	13.7					
弹性系数/Pa	22.1~26.2					
硬度（铸造，HB）	16~18					
硬度（HRC）	36~40					

4.2.1 钙铝合金的生产方法与设备

目前生产钙铝合金的主要方法是：以优质的金属钙、金属铝为原料，采用蒸馏罐抽真空，加入惰性气体状态下，经高温加热、恒温液化反应而成。钙铝合金原料与消耗见表4-2。

表4-2 钙铝合金原料与消耗

名 称	单 位	耗 量
金属钙	t	1.512
金属铝锭	t	0.648
电	kW·h/t	187.5
水（循环）	t	30

钙铝合金生产设备包含真空电阻炉、电阻棒、电源柜、控制柜、吊车及蒸馏罐等相关设备。目前，国内钙铝合金加工企业使用的生产设备较为简单，投资规模较小，技术工艺相对成熟。

4.2.2 钙铝合金的用途

钙铝合金是良好的复合脱氧剂，在冶金工业中用作还原剂，起到脱氧净化的作用；在蓄电池行业中作为板栅材料，稳定可靠。

4.3 铅钙合金

铅钙合金的最大应用领域是铅酸蓄电池。作为蓄电池板栅用的铅合金经历了从高锑合金到低锑合金、无锑合金，再到至今普遍选用的铅钙合金的发展历程。

目前，铅钙合金的成分一般为：$w(\mathrm{Pb+Ca}) = 0.06\% \sim 0.09\%$；$w(\mathrm{Sn}) = 0.5\% \sim 1.0\%$；$w(\mathrm{Al}) = 0.005\% \sim 0.03\%$。

铅钙合金最早开发于20世纪30年代，美国贝尔公司将它们用作固定型蓄电池的板栅。到20世纪70年代，铅钙合金由于免维护蓄电池的开发而得到广泛应用。

4.3.1 铅钙合金的优点

铅钙合金以应用在蓄电池中为主，其性能特点与蓄电池密切相关，主要的优点如下：

（1）析氢过电位比铅锑合金提高约0.2V，有效地抑制了蓄电池的自放电和负极的析氢量。

（2）沉淀硬化型铅钙合金显著提高了板栅材料的机械强度，减缓了板栅的膨胀变形。

（3）导电能力优于铅锑合金，例如含钙 0.09%的铅钙合金，其导电性能比含锑 7%铅锑合金提高 20 倍。

（4）铅钙合金不存在向负极转移问题，过充电流小，水损缓慢，有利于蓄电池的密封。

（5）铅钙合金中加入锡，可以改善浇铸性能，提高机械强度和耐蚀性；锡与钙形成的化合物 Sn_3Ca 与 Pb_3Ca 具有同类晶形，是较好的时效硬化系统。

4.3.2 铅钙合金的生产方法

铅钙合金的生产方法可分为间接法与直接法两种。

间接法是将熔融电解法制取的钙铝中间合金（Ca 含量 75%，Al 含量 25%；Ca 含量 80%，Al 含量 20%）添加到铅液中，配制成铅钙铝合金。

间接法铅钙合金的生产工艺一般是先采用 Pb 为原料，Ca 和 Al 为添加剂，按一定比例配制成 Pb-Ca 中间合金，然后再用电解铅、Pb-Ca 中间合金为原料，根据客户的要求，添加相应的保护剂等合金元素，配制成各种铅钙合金产品。

间接法生产铅钙合金的工艺流程如图 4-1 所示。

直接法通常采用钙块和钙屑（钙的纯度不低于 99%）作为添加剂，将钙块和钙屑直接放入铅液中熔炼成铅钙合金。

受钙铝合金含量的限制，铝含量在 0.01%以下的铅钙合金不能用钙铝合金生产。直接法生产铅钙合金的工艺流程如图 4-2 所示。

由于间接法生产铅钙合金成本相对较高，钙的利用率低，对铅钙合金生产的工艺要求较高，且受铅钙合金成分限制，技术力量较差的企业很难生产全部型号的铅钙合金产品，因此直接法是铅钙合金生产企业普遍的发展方向，当然较高钙含量的钙铝合金成为了铅钙合金市场的需求。

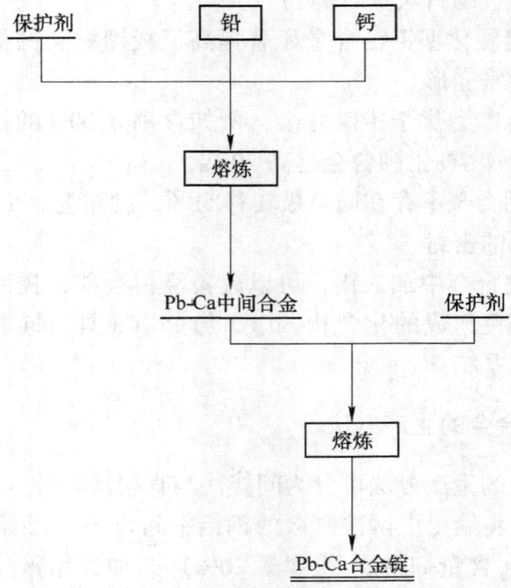

图 4-1　间接法生产铅钙合金的工艺流程

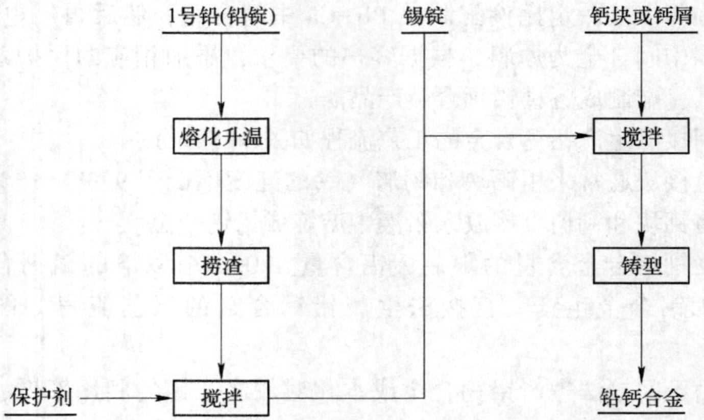

图 4-2　直接法生产铅钙合金的工艺流程

铅钙合金的研究开发始于 20 世纪 80 年代。铅钙合金以质量稳定、渣量少、合金化学成分相对波动较小等优势深受国内外行业认可，其品种多达100余种，到现在已拥有103个牌号。

铅钙合金新品种的开发、成分的稳定控制、一次合格率的提高等一系列技术创新，在实践中推广运用“低温强搅拌”法、“间接浇铸”法、“精确配料”法以及“相对波动范围”新理念，解决了铅钙合金生产技术的难点，为铅钙合金的生产成分控制提供了理论和实践依据。

随着免维护蓄电池行业的迅猛发展，作为电池板栅用的铅钙系列合金迅速发展。我国铅钙合金产量增长很快，已经成为我国铅基合金的主导产品。其铅钙基系列合金波动如图4-3所示。

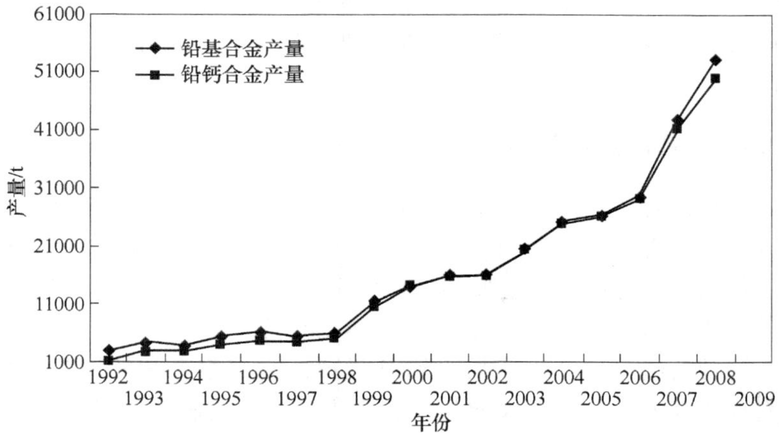

图4-3 铅钙基系列合金波动

4.3.3 铅钙合金的生产技术

由于金属钙活性强，钙原料在投放过程中易燃烧，稳定钙的利用率是铅钙合金企业追求的目标，因此钙原料的选择及其添加方式尤为重要。

从安全的角度考虑，选择钙块或钙屑原料辅以特殊的钟罩，将钙块或钙屑加入到铅溶液中可制成铅钙中间合金。生产高铝铅钙合金时，需要投入大量的中间合金，其溶液降温幅度大，难以满足高铝铅钙合金的工艺要求。实践证明，选用钙铝中间合金生产高铝铅钙合金取得了很好的效果。此法向低铝的铅钙合金生产推广，也取得了成功。为了便于生产较低铝含量的铅钙合金，目前普遍选用的是含钙 80%的钙铝合金。

出于降低生产成本以及获得高质量的铅钙合金考虑，用钙铝合金和钙块、钙屑作为添加剂是铅钙合金行业的必然选择。

钙在铅钙合金中的含量较低，因此，钙块的化学成分符合《金属钙及其制品》（GB/T 4864—2008）要求即可。产品内包装均采用塑料袋充氩气（惰性气体）焊封包装，外包装用开口钢桶密封包装。一般钙块每桶净重 100kg，每袋 10kg。钙块呈不规则状，尺寸为 20~300mm。由于高杂质钙块会影响铅钙合金的渣率，同时影响板栅的浇铸质量，故此，铅钙合金主要选择使用电解法工艺生产的钙块。

4.3.4 铅钙合金的应用

铅镉锑合金是电动车用蓄电池板栅合金的较好材料，但由于镉对人体的有害性，许多国家都禁用，因此其正逐步被铅钙合金所取代。加之汽车行业的高速发展，作为免维护蓄电池及阀控密封蓄电池的板栅材料，铅钙合金的需求量大幅度增长。

传统蓄电池生产中主要是铅基材料，铅在生产和使用过程中，会对环境和人类造成极大的污染和危害。加入钙制成的铅钙铝锡类合金，是制造免维护蓄电池的绝佳材料，能有效降低铅对自然环境和人类的危害，对废旧电池的有效利用起到辅助功能，已经被广泛应用于交通、医疗、民用家电（如便携式电视、音响）、电子设备、航空、航海、潜水和救援设备中。

4.4 硅钙合金

日常所见的硅钙产品，大都是从矿石中提取而成。陕西某公司硅钙合金精炼技术的研发成功，加大了金属钙在硅钙合金的市场消费量。钙在硅元素中的价值，是加快硅钙合金工业化进程的推动剂。

随着金属钙工业技术的提升，其钙产品的独立工业应用效果逐渐稳定。金属钙在精炼钢工业中的除渣效果显著，与硅钙合金的性价比相比较，似有逐步抢滩硅钙合金市场势头。可见，钙既是硅钙合金良好的添加材料，又同时迫使硅钙合金面临着市场缩水的尴尬境地。

工业转型升级对专用钢材的质量、性能提出了更高的要求，尤其是对多功能钢材来讲，要研发强度更高、寿命更长的环保新材料，有效降低硅钙合金中非金属夹杂物的含量，提高和改善钢质是钢液精炼的唯一选择。

4.4.1 硅钙合金的应用

金属元素按脱氧能力由强到弱依次是 Ca、Ba、Sr、Mg、RE（Ce、La）、Al、Ti、Si、V、Mn、Cr…。从排列中可以看出，钙的脱氧能力最强，其脱碳、脱磷的能力也较强。金属钙可与多种元素合成为多元钙合金。例如，钙与硅能合成三种化合物 Ca_2Si、$CaSi_2$ 和 CaSi，其中 CaSi 最稳定。硅钙合金的熔点较低，一般为 1253～1473K，所以，硅钙合金用于炉外精炼工艺中的脱除杂质工序。

目前，硅钙合金可以代替铝进行终端脱氧，广泛用于优质钢、特殊钢和特殊合金生产。例如，钢轨钢、低碳钢、不锈钢等钢种和镍基合金、钛基合金等特殊合金，均可用硅钙合金作脱氧剂。硅钙合金也适合用作转炉炼钢车间的增温剂，还可用作铸铁孕育剂和球墨铸铁生产添加剂。因此，硅钙合金作为复合脱氧剂的适应范围比较广泛。

硅钙合金不仅脱氧能力强，脱氧产物易于上浮并排出，而且还能改善钢的性能，提高钢的冲击韧性和钢液流动性。

4.4.2 硅钙合金产品情况

我国的硅钙生产厂家大多分布于内蒙古、宁夏、山西、陕西、四川等省份。依托能源和资源的优势，这些地区的硅钙产量占全国硅钙产量 2/3 以上。由于产地的不同，硅钙产品中主要元素（Si、Ca）含量和有害夹杂物（C、S、P）含量相差较大。硅钙中碳、硫、磷含量偏高，严重影响钢材质量，尤其是碳含量过高，是困扰硅钙生产的一大难题。2016 年，我国冶金行业公布了硅钙合金牌号及成分新标准（见表4-3），相对于国外的硅钙标准（见表4-4、表4-5），我国的标准规定的主元素含量均在国外标准规定范围之内。

表4-3 硅钙合金牌号及化学成分（YB/T 5051—2016）

牌号	化学成分（质量分数）/%								
	Ca	Si	C		Al	P	S	O	Ca+Si
			Ⅰ	Ⅱ					
	≥		≤						≥
Ca31Si60	31	58~65	0.5	0.8	1.4	0.04	0.05	2.5	90
Ca28Si60	28	58~65	0.5	0.8	1.4	0.04	0.05	2.5	90
Ca24Si60	24	58~65	0.5	0.8	1.4	0.04	0.04	2.5	90
Ca20Si55	20	55~60	0.5	0.8	1.4	0.04	0.04	2.5	—
Ca16Si55	16	55~60	0.5	0.8	1.4	0.04	0.04	2.5	—

表4-4 日本硅钙合金标准（JIS G 2314—1986）

产品名称		代号	化学成分（质量分数）/%			
			Ca	Si	C	P
					<	
硅钙合金	1号	CaSi1	≥30	55~65	1.0	0.05
	2号	CaSi2	25~29	55~65	1.0	0.05

表4-5 美国硅钙合金标准（ASTM A495—06(2015)）

产品名称	化学成分（质量分数）/%									
	Ca	Si	Mn	Ba	Fe	C	S	P	Ti	Al
硅钙合金	28.0~32.0	60.0~65.0	—	—	5.0	1.00	0.070	0.050	0.20	1.5

在我国矿热炉生产的硅钙产品中，抽检不同产区和批次的样品，检测结果（见表4-6）显示主元素均符合标准，但碳、硫元素普遍高于标准规定。硅钙合金中碳、硫超标用传统冶炼工艺无法有效控制。

表 4-6 传统冶炼工艺硅钙产品的化学成分

抽检产品	化学成分（质量分数）/%					
	Ca	Si	C	Al	P	S
	≥		≤			
Ca30Si54	30.81	54.56	1.10	1.50	0.035	0.075
Ca30Si54	30.47	54.50	1.30	1.60	0.020	0.055
Ca30Si53	30.47	53.55	1.20	1.90	0.040	0.067
Ca30Si53	30.07	53.88	1.20	1.80	0.021	0.058
Ca29Si54	29.80	54.60	1.25	2.00	0.040	0.072
Ca29Si54	29.12	54.90	1.10	2.00	0.038	0.086
Ca28Si53	28.65	53.34	1.50	2.00	0.030	0.063
Ca28Si55	28.39	55.10	1.50	1.70	0.025	0.059
Ca28Si55	28.00	55.08	1.30	1.60	0.030	0.066
Ca27Si55	27.84	55.08	1.50	1.50	0.029	0.063

硅钙合金应用于精炼钢工艺的脱氧工艺，其使用效果获得了全球业界认可，但超标的碳、硫、磷有害元素同时被带入钢中，影响了钢材的质量，很大程度上制约了特殊钢和高强钢的生产规模。

4.4.3 硅钙合金生产工艺创新

针对国产硅钙合金中碳、硫、磷超标的问题，多年来科研人员进行了深入的探讨和实验，在原辅材料的配比、氧碳元素的介入、冶炼工艺的调整、气压温度的控制方面，取得了有力的数据支持，其冶炼工艺也有了新的突破。

碳可溶于某些熔融的金属，在高温时与许多元素相作用。它在自然界中不仅以单质状态存在，而且以很多种化合物状态存在。因此在合金熔炼过程中，几乎所有原辅材料都含有碳元素，而且燃料和溶剂中的碳含量都相当高。这是合金产品中碳元素含量居高不下的根本原因。

碳的熔点为3500℃，升华点为3652℃，沸点为4832℃，其导热系数比金属高。在常规的冶炼工艺中，碳元素是很难被单独分离出来的。根据氧和碳的亲和力，用物理方法充入高纯氧与碳相作用，生成一种新的碳氧化合物体，改变碳的熔点，再升温加热到一定的温度，使碳元素随着氧元素的升温有效排出，可以制得超低含碳量的硅钙合金产品。

硅钙合金的生产工艺创新是采用高功率真空感应炉冶炼工艺流程路线（见图 4-4），依据严格的要求来完成。

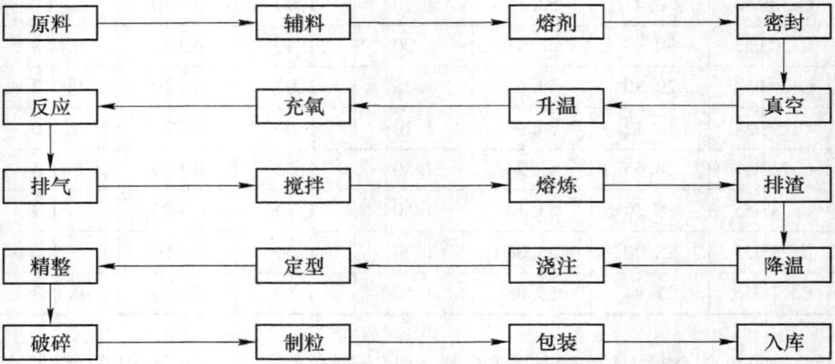

图 4-4 高功率真空感应炉冶炼工艺流程路线

（1）将原料、辅料和冶炼溶剂依据比例和次序依次添加入炉。

（2）将真空炉密封、抽真空、加温、冲氧，物料经过高温氧化反应，将多余的气体排出。

（3）在达到一定温度时，感应炉自动搅拌物料，并生成硅钙合金产品。

（4）在出渣口排渣降温后，将硅钙合金浇注到定型槽。

（5）依据市场需求，对冷却后的硅钙合金进行精整、破碎、制粒，并包装入库。

其生产过程中正负气压的精确调整和升温曲线的梯级控制是冶炼工艺中的关键操作，须有熟练的技术工人进行作业。

按照 Ca27Si56～Ca31Si57，依次进行不同牌号的硅钙冶炼生产试验，反复调整每个试验项目的元素配方，检测各个批次牌号的化学成分。检测结果表明，有害元素碳、硫、磷的含量均低于国内现行的行业标准（见表 4-7）。

表 4-7 改良冶炼工艺硅钙产品的化学成分

牌号	化学成分（质量分数）/%					
	Ca	Si	C	Al	P	S
	≥		≤			
Ca31Si57	31.47	57.62	0.75	1.12	0.030	0.040
Ca30Si57	30.80	57.00	0.70	1.06	0.020	0.036
Ca30Si56	30.00	56.10	0.70	1.04	0.027	0.040
Ca29Si56	29.73	56.50	0.80	1.26	0.022	0.030
Ca29Si56	29.43	56.15	0.83	1.31	0.021	0.043
Ca29Si56	29.25	56.80	0.40	1.26	0.018	0.028
Ca29Si55	29.25	55.87	0.40	1.26	0.030	0.040
Ca29Si57	29.00	55.49	0.60	1.30	0.020	0.025
Ca28Si57	28.05	57.95	0.65	1.02	0.020	0.040
Ca27Si56	27.61	56.31	0.30	1.20	0.022	0.025

产品经破碎制粒，加工成硅钙包芯线使用，其脱氧、脱碳、脱硫、脱磷等综合效果显著。

4.4.4 高硅钙合金生产工艺

钙作为脱氧能力大的元素，在钢液中能提高原来脱氧剂的脱氧能力，有效降低硅钙线在钢液中的消耗量。炼钢后期，在钢液中插入用钙粉和铝粉生产的钙铝包芯线进行最终脱氧。

$CaAl_2$ 是比较稳定的金属化合物，熔点约为 1079℃，其钢液温度低于金属钙的蒸汽压，能提高钙的利用率，且不易氧化，不会出现由于密度差造成的成分偏析，也不需要进行钝化处理。$12CaO \cdot 7Al_2O_3$ 也能提高钢液的脱氧脱硫能力，主要用于低硫低硅的铝镇静钢种的脱氧脱硫。

从理论上说，用高硅钙合金替代钙铝合金产品，充分节约了 Al 的使用，有效降低了钢铁的生产成本。其采用矿热炉生产高硅钙合金的原料和反应式如下：

$$CaO+5C+2SiO_2 = CaSi_2+5CO$$

矿热炉生产1t高硅钙合金的成分配比与成本见表4-8。

表4-8 Ca-C-Si的成分配比与经济效益

成分比例/%	原料价格/元	成本/元
Ca 41.66 Si 58.34	电石：2350 硅：12000	14350
Ca 41.66 Si 58.34 Fe 6.76	电石：2350 硅：7128	9478
Ca 36.35 Si 50.91 Fe 12.73	电石：2350 硅：6197	8547
Ca 34.88 Si 48.84 Fe 16.28	电石：2350 硅：6221.6	8571.6

4.5 其他金属钙合金

（1）钙易切削钢。这是一种含钙的易切削钢。钢中的钙、铝、硅结合成低熔点的复合氧化物（CaO、Al_2O_3、SiO_2是其中的重要成分），高速切削时，复合氧化物熔解悬浮在刀具表面，起到润滑的作用。如果钢中同时含有硫、铅等元素，润滑效果会更好。

（2）钙铝硅合金。这是一种铁合金，主要用作炼钢的复合脱氧剂。它含有10%~14%钙、8%~12%铝和50%~53%硅，余为铁。

（3）钙硼合金。这是含有61%硼和39%钙的合金，主要用作特种钢冶炼过程的脱氧除气剂。

（4）钙锰硅合金。这是一种用作炼钢复合脱氧剂的合金。它含有17%~19%钙、10%~16%锰和55%~60%硅，余为铁。

（5）铅钠钙轴承合金。这是一种铅基轴承合金。其典型牌号是ChPbCa 1-0.7，含有0.85%~1.15%钙和0.6%~0.9%钠，余为铅。钠溶入固溶体中，可以强化基体。钙与铅形成化合物Pb_3Ca而成为分布在基体上的硬质点。这种材料不论是在低温还是在高温下均有足够的硬度和韧性，并具有良好的减摩性和抗冲击性能，广泛用作铁路车辆和拖拉机的轴承。

（6）钙铝吸气剂。这是一种由35%Ca、余为Al组成的蒸散型吸气剂，其吸气化合物为$CaAl_4$和$CaAl_2$。将Ca-Al合金粉末压制成环、片等吸气元件后装入显像管、阴极射线管等内，当加热到蒸散温度970~1100℃时，合金中的金属钙蒸散出并在管内适当部位形成镜面金属薄膜。吸气是靠蒸散瞬间大量吸气以及形成的镜面膜持久吸气。其吸气工作温度为25~200℃，但这种吸气剂能减少X射线剂量。

（7）钙-镍系贮氢合金。这是晶体结构为$CaCu_5$型的$CaNi_5$系合金，亦称Ca系贮氢合金。$CaNi_5$为AB_5型金属间化合物，在室温、氢压力小于0.2MPa下生成$CaNi_5H$、$CaNi_5H_5$、$CaNi_5H_6$三种不同氢化物相，分别称为β、γ、δ氢化物。在$CaNi_5$二元系合金的基础上添加第三、第四元素可以调节该类合金的氢化特性以适应不同的应用需要。

4.6 新产品开发

2008年以来，金属钙行业研发出钙棒（高50cm×ϕ15cm）、钙丝、钙线等新产品，并投放市场。

随着市场的不断增容，原有钙产品不能适应市场的新需求。在充分总结和研究原有钙产品与客户需求的基础上，包头融华钙业有限公司、山西闻喜银光征帆镁业有限责任公司、马鞍山市兴达冶金新材料有限公司、巩义市众鑫钙业有限公司相继研发出钙棒、钙丝、纯钙包芯线、椭圆形致密包芯线、双层（内层包铝带、外层包钢带）包芯线等相关产品。

从金属钙行业的发展趋势来看，我国钢铁行业大规模用钙的时间已经到来，更多的高标准钢材需要金属钙的补给。

5 钢铁补钙与复合脱氧

5.1 金属钙与精炼钢

随着炼钢工业的技术进步，金属钙在炼钢生产中的应用也相对增加。钙加入钢液中可减少甚至消除有害元素（如 Se、Te、Sn、As、Sb 等）的危害。近年来，由铸锭到连铸坯工艺，浇注速度明显降低，铸口直径减小，原先用 Al 快速脱氧的工艺使铸口很容易堵塞，这主要是因为在水口处的钢液产生了熔点高（2050℃）的 Al_2O_3，致使钢液流逐渐缩小而堵塞包眼（水口）。大量的生产实践发现，若使 Al_2O_3 生成低熔点（低于炼钢温度 1600℃）的夹杂物，连铸工艺可顺利进行。

1873K 时，Al 的脱氧平衡常数为 3.93×10^{-5}，Ca-Al 的脱氧平衡常数 2.0717×10^{-7}。从平衡常数比较，Ca-Al 复合脱氧平衡常数 2.0717×10^{-7} 比 Al 的脱氧平衡常数 3.93×10^{-5} 小，Ca-Al 的脱氧能力比 Al 大 190 倍。可见，添加钙后钢液达到同样的氧含量时平衡的 [Al] 减少了，Al 的消耗量减少了，并且 Ca-Al 组合产生的熔点低（1390~1420℃）的液态夹杂物不会堵塞水口，同时钙的消耗量很低，经济上来讲也是合适的。

例如：钢液脱氧至 0.0005%，单用 Al 时溶解的 [Al] 为 0.0220%；而 Ca-Al 复合脱氧（在 $w[Ca]/w[Al]=1$）时溶解的 [Ca]、[Al] 各为 0.000051%，仅为 Al 的 200 多分之一。若将氧降到 0.0001%，单用 Al 时溶解的 [Al] 为 0.24%，即每吨钢液约溶解 2.4kg 的 Al，而 Ca-Al 复合脱氧（$w[Ca]/w[Al]=1$）时溶解的 [Al]、[Ca] 均为 0.000392%，仅为单用 Al 时的 600 多分之一。实际上加 Ca 后，Al 的脱氧能力大大提高，能节约 Al 资源，减少能源的消耗，同时还能避免水口的结瘤。

综上所述，在 Ca-Al 脱氧的过程中，Ca 是 Al 脱氧的促进剂，也是夹杂物的改质剂。加入 Ca 不仅使生产工艺通畅，而且还能提高钢的质量（使氧更低），并降低成本。所以，Ca 已经成为炼钢过程中不可或缺的元素之一。

用 Ca-Al 脱氧时，每吨钢分别消耗 Ca 和 Al 95g 和 75g。我国 2016 年钢产量 8.08 亿吨左右，钢铁行业若能加大此项技术的使用，以 10%的钢种（产量 8000 万吨）使用 Ca-Al 复合脱氧，金属钙用量约为 9500 吨，约占金属钙全年消费量的 18%。

5.2 钙基包芯线生产工艺

钙基包芯线是精炼钢喂丝系统主要的应用产品之一，优质的钙基包芯线能提升钢铁质量。其生产过程并不复杂，但规范的生产流程和工人的熟练程度，是加工钙基包芯线的必备条件。

钙基包芯线一般采用粗钙（钙锭）作为原材料，通过真空炉蒸馏熔炼、排渣，获得纯度较高的还原钙溶液，然后倒入磨具浇注成钙棒。钙棒成型后，封蜡入库，运输时采用吨包袋包装。加工企业采购来钙棒，经挤压机加热挤压，获得钙丝产品。钙丝直接销售或加工成钙基包芯线。目前市场上的钙基包芯线产品有纯钙包芯线、高致密包芯线、椭圆包芯线、咬口式包芯线及双层包芯线等。这些产品最终销售到国内外大钢厂供精炼钢的喂丝工艺使用。

纯钙包芯线生产工艺流程如图 5-1 所示。

5.3 纯钙包芯线

纯钙包芯线作为金属钙产业发展的新型产品，在国内已经完全替代以钙屑和钙粒为原料的包芯线产品，消除了钙在加工成钙屑和钙粒过程中造成的氧化反应，有效地提升了金属钙在精炼钢过程中脱氧的活性和除渣率。

纯钙包芯线的诞生，带动了产业结构的转型，促进了精炼钢工艺的技术升级，推动了一批钙加工新兴企业参与产业发展。

钙丝的加工相对简单，如图 5-2 所示，采用钙棒为原料，将钙棒加热到 400~500℃之间，具体温度根据钙棒材质进行调控，以适应钙丝的挤压成型为宜。挤压出的纯钙丝外部呈银白色，略发微黄。

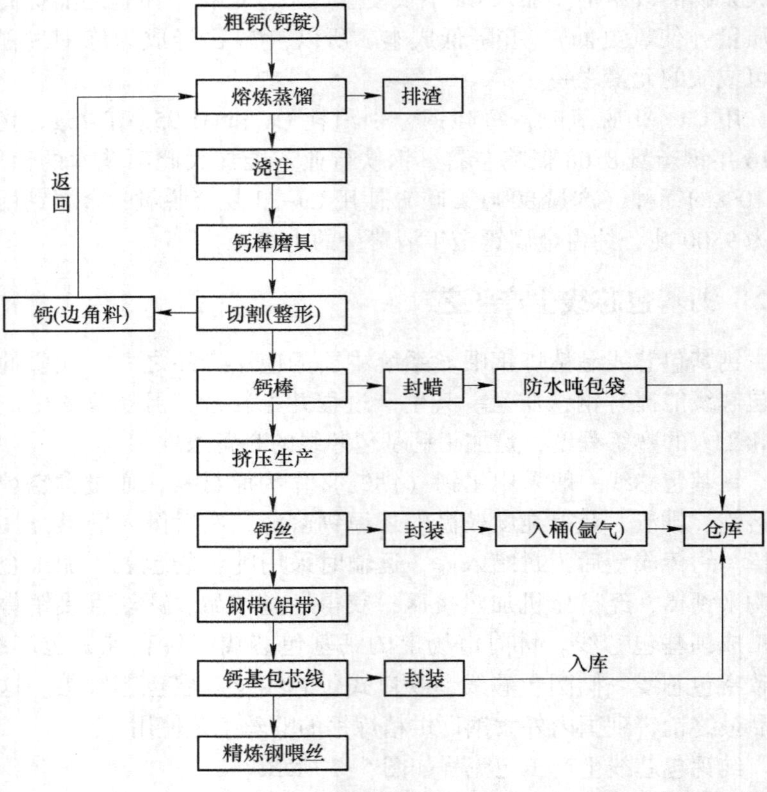

图 5-1 纯钙包芯线生产工艺流程

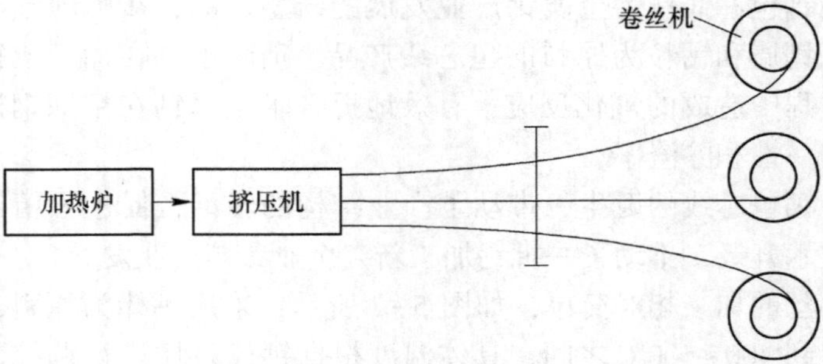

图 5-2 实芯纯钙线生产线

5.3.1 纯钙包芯线使用管理办法

纯钙包芯线使用管理办法如下：

（1）由于很难测出每米包芯线的芯重量，因此以每公斤包芯线为准进行收得率测算。

（2）每批次的包芯线（同一供应商一次到货的产品）按测试过程中实际钙收得率的平均值进行结算。

（3）纯钙包芯线基准钙收得率为7.50%。当收得率大于或等于7.20%时，视为合格。当收得率小于6.50%时，停止使用，并对供应商提出警告或暂停供货资格。当收得率大于7.70%时，可进行折算奖励；而当收得率在6.50%～7.20%之间时，按折算进行扣款或扣重。

$$\text{钙收得率} = [\text{喂丝后钢中平均 Ca 含量}(\%) - \text{喂丝前钢中平均 Ca 含量}(\%)] \times \text{钢水量}(\text{kg}) \div \text{平均每炉喂丝量}(\text{kg})$$

式中，平均每炉喂丝量为测试阶段所用包芯线总重量（kg）除以测试阶段总炉数；钢水量按测试阶段平均钢水量计；喂丝前Ca含量按0计。

$$\text{当批次产品结算重量} = \text{平均钙收得率} \div \text{基准钙收得率} \times \text{当批次产品重量}$$

5.3.2 硅钙合金包芯线的牌号及标准

《包芯线》（YB/T 053—2016）由武汉钢铁（集团）公司、武汉武钢北湖冶金材料有限公司、冶金工业信息标准研究院共同起草。该标准涉及16种包芯线，其中，与钙有关的包芯线是：硅钙合金包芯线、钙铁30包芯线、钙铁40包芯线、钙铝铁包芯线、硅钙钡铝合金包芯线和混合稀土金属包芯线，见表5-1。

目前，我国在高致密包芯线、椭圆密闭包芯线、咬口式包芯线及双层包芯线方面还没有相关的国家标准，各企业仅以YB/T 053—

2016中的相关钙合金包芯线规定为依据进行生产。亟待钙行业生产加工企业共同努力，起草并制定产品的相关标准，以期规范产业发展。

表 5-1 钙合金包芯线（摘自 YB/T 053—2016）

<table>
<tr><th rowspan="2">序号</th><th rowspan="2">名称及相应的芯粉标准号</th><th colspan="2">外径/mm</th><th rowspan="2">带钢厚度/mm</th><th rowspan="2">芯粉质量(不小于)/g·m⁻¹</th><th rowspan="2">每千米接头个数(不大于)</th></tr>
<tr><th>公称尺寸</th><th>偏差</th></tr>
<tr><td rowspan="4">1</td><td rowspan="4">硅钙合金包芯线
YB/T 5051
(Ca31Si60 和 Ca28Si60)</td><td>10.0</td><td rowspan="10">0.8</td><td rowspan="12">0.30
~
0.45</td><td>125</td><td rowspan="12">2</td></tr>
<tr><td>12.0</td><td>200</td></tr>
<tr><td>13.0</td><td>220</td></tr>
<tr><td>16.0</td><td>320</td></tr>
<tr><td>2</td><td>钙铁 30 包芯线
GB/T 4864，YB/T 5308</td><td>13.0</td><td>250(Ca 30%)</td></tr>
<tr><td rowspan="2">3</td><td rowspan="2">钙铁 40 包芯线
GB/T 4864，YB/T 5308</td><td>13.0</td><td>220(Ca 40%)</td></tr>
<tr><td>16.0</td><td>330(Ca 40%)</td></tr>
<tr><td>4</td><td>钙铝铁包芯线
GB/T 4864，YB/T 5308，
GB/T 2082.1</td><td rowspan="3">13.0</td><td>158
(Ca 30%，Al 55%)</td></tr>
<tr><td>5</td><td>硅钙钡铝合金包芯线
YB/T 067</td><td>220</td></tr>
<tr><td>6</td><td>混合稀土金属包芯线
GB/T 4153</td><td>RE125SiCa160</td></tr>
<tr><td>7</td><td>实芯钙铝包芯线
GB/T 4864，GB/T 2082.1</td><td>9.0</td><td rowspan="2">0.5</td><td>90
(Ca 55%，Al 31%)</td></tr>
<tr><td>8</td><td>实芯纯钙包芯线
GB/T 4864</td><td>9.0</td><td>60(Ca 95%)</td></tr>
</table>

5.4 高致密包芯线

2005 年，注射合金公司引进国际先进技术工艺，发明了焊接式高致密包芯线，如图 5-3 所示。常用的规格为直径 9mm，钢壳厚 0.64mm。国外应用钙收得率如图 5-4 所示。我国的喂丝工艺如图 5-5 所示，收得率为 19.73%。

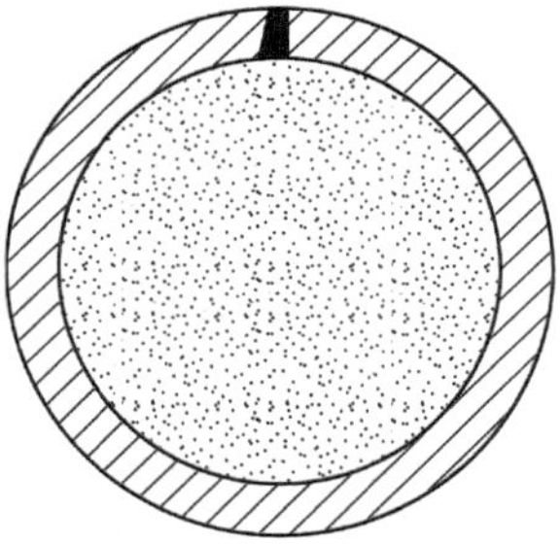

图 5-3 高致密包芯线

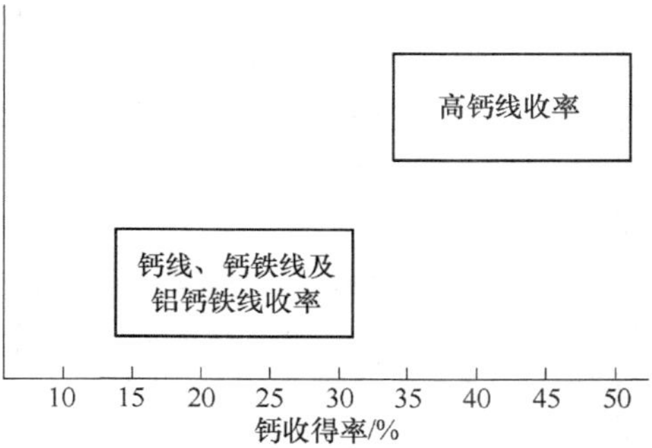

图 5-4 国外应用钙收得率

图 5-5 喂丝工艺

5.5 钙基包芯线在炼钢中的应用

目前，我国各钢铁公司在精炼工艺中采用的复合脱氧剂品种很多，成分变化范围很大，加入方法各异，使用效果也不尽相同。从炼钢连铸工艺的顺行和提高钢材质量出发，选择合理的复合脱氧剂组成是非常必要的。

钙是复合脱氧剂不可或缺的元素之一。目前，钙基系列复合脱氧剂产品有纯钙包芯线、高致密包芯线、椭圆密闭包芯线、咬口式包芯线、双层（钙铝）包芯线、钙铁包芯线、钙镁包芯线、钙铝硅包芯线、钙钡硅包芯线、钙硅钡铝包芯线等各类包芯线。钙基包芯线已经成为金属钙加工企业的主导产品。钙基包芯线作为复合脱氧剂的功能说明如下。

创造良好的生成液态脱氧生成物的条件，是减少 Al_2O_3 数量，快速脱氧，提高 Ca、Al 的脱氧能力，充分发挥复合脱氧剂中各元素的脱氧特点和作用的关键。在出钢时已加入了 Si 系铁合金进行了 Si 的调整和脱氧，已充分发挥了 Si 脱氧量大和廉价的特点，调整钢液中需要的 Si 含量，这就为提高强脱氧元素 Ca、Al 的脱氧效率，减少消耗创造了条件。脱氧时发生的反应是快速的不均反应，脱氧剂和氧的强烈反应随着脱氧元素的溶解便趋于平衡，脱氧数量降低。

复合脱氧剂中的元素和氧接触时都会发生脱氧反应。在喂线时，与钢液中的氧接触处分别生成 Al_2O_3 和 CaO（熔点各为2050℃和2570℃）。由于脱氧产生的区域不同，很难碰撞低熔点的夹杂物，使 Ca、Al 的溶解量增大，元素的脱氧效率降低。因在钢液中生成的 Al_2O_3 夹杂物不易排除，也增大了钢液的黏度，增加了堵水口和包眼结瘤的可能性。为此，应调整 Ca、Al 配比改变这种脱氧状态。

复合脱氧剂中恰当的 Ca-Al 含量配比是保证生成液态夹杂物的关键。Ca 与 Al 搭配比 Mn 与 Si、Si 与 Al、Ca 与 Si 等搭配好，原因是：

（1）Ca 和 Al 两种元素的脱氧能力都很大，易产生脱氧生成物。

（2）Ca 和 Al 搭配后，脱氧产物是液态的，比其他元素组合形成的脱氧生成物的熔点都低，综合脱氧能力提高了约 15 倍。

在复合脱氧剂溶解时溶液中 Ca、Al 和氧同时接触，很易生成低熔点的夹杂物，提高了钢液的有效脱氧，避免先期形成的夹杂物（Al_2O_3）污染钢液。由扫描分析得出，使用 Ca-Al 复合脱氧剂钢液中残存的夹杂物为高 Al、Ca 含量的球形夹杂。

有效提高复合脱氧剂中主脱氧元素的脱氧能力，可减少钢液中的 Ca、Al 和氧的含量，改善钢液的纯净度，降低脱氧元素的消耗，提高元素的脱氧利用率。

综上所述，在 Ca-Al 脱氧的过程中，Ca 是 Al 脱氧的促进剂，也是夹杂物的改质剂。Ca 不仅使生产工艺通畅，而且提高了钢的质量，降低了钢中氧含量，也降低了生产成本。所以，Ca 是复合脱氧剂中的重要元素，Ca 可以和多种元素相搭配，组合成多功能的复合型脱氧剂包芯线产品。

5.5.1 多元复合脱氧剂促进脱氧

多元复合脱氧剂比单元脱氧剂的脱氧效果好。开始时多元复合脱氧剂中脱氧元素含量高，和氧反应时 $\Delta G^{\ominus}$ 的负值很大，反应强烈。随着反应时间的延长，脱氧元素逐渐溶解到钢液中直至均匀为止。脱氧剂和溶解氧接触界面是最激烈的脱氧界面，可用下面的反应通式表述：

$$\frac{x}{z}E_1 + \frac{y}{z}E_2 + [\mathrm{O}] = \frac{1}{z}(xE_1 \cdot yE_2 \cdot z\mathrm{O})$$

反应的 $\Delta G^{\ominus}$ 负值越大，表明复合脱氧的能力越强。

5.5.2 Ca、Al、Si 脱氧元素的最佳组合

收集现有的复合氧化物自由能和铁液中溶解氧的反应，将计算的结果分成两组：一组为含 Si 的脱氧剂和氧反应时的标准自由能与温度的关系，另一组为 Al 的反应。将收集和计算得到的 Al、Si 和溶解氧反应的自由能、熔点及密度列于表 5-2 和表 5-3 中。

表 5-2 含 SiO_2 的复杂脱氧生成物和相关反应的标准自由能与温度的关系

反应式	$\Delta G^{\ominus}-T$ 关系式 /J·mol^{-1}	$\Delta G^{\ominus}$/kJ·mol^{-1}		生成物熔点 /℃	密度（20℃） /g·cm^{-3}
		1800K	2000K		
$1/2Mn(l) + 1/4Si(l) + [O] = 1/4(2MnO \cdot SiO_2)$	$-336464+100.67T$	−155.26	−135.12	1468	3.91～4.12
$1/2Si(l) + [O] = 1/2SiO_2$	$-355975+101.71T$	−172.9	−152.55	1713	2.32
$6/13Al(l) + 2/13Si(l) + [O] = 1/13(3Al_2O_3 \cdot 2SiO_2)$	$-418804+108.22T$	−224	−202.3	>1850	3.16
$1/3Mg(l) + 1/3Si(l) + [O] = 1/3(MgO \cdot SiO_2)$	$-415545.3+104.09T$	−228.1	−207	1640	3.21
$1/2Mg(l) + 1/4Si(l) + [O] = 1/4(2MgO \cdot SiO_2)$	$-441458+111.97T$	−240	−217	1898	3.22
$2/3Al(l) + [O] = 1/3Al_2O_3$	$-446245+112.29T$	−244.1	−221.9	2050	3.50
$Ba(l) + [O] = BaO$	$-445980+107.77T$	−252	−230.4	1923	5.72
$2/5Al(l) + 1/5Si(l) + [O] = 1/5(Al_2O_3 \cdot SiO_2)$	$-449743+109.143T$	−253.3	−231.5	1800	3.1～3.2；β 3.23～3.25；α
$1/3Sr(l) + 1/3Si(l) + [O] = 1/3(SrO \cdot SiO_2)$	$-439826+102.839T$	−254.1	−234.15	1580	
$1/3Ca(l) + 1/3Si(l) + [O] = 1/3(CaO \cdot SiO_2)$	$-505368+135.15T$	−262.1	−235.1	1548	2.91
$3/7Ca(l) + 2/7Si(l) + [O] = 1/7(3CaO \cdot 2SiO_2)$	$-524887+143.47T$	−266.6	−238	1700	3.15～3.224
$1/3Ba(l) + 1/3Si(l) + [O] = 1/3(BaO \cdot SiO_2)$	$-435783+92.63T$	−269	−250.4	1600	
$1/2Ca(l) + 1/4Si(l) + [O] = 1/4(2CaO \cdot SiO_2)$	$-539656+143.685T$	−281	−252.3	2130	3.28
$1/2Ba(l) + 1/4Si(l) + [O] = 1/4(2BaO \cdot SiO_2)$	$-466028+103.27T$	−280.1	−260	1830	
$1/2Sr(l) + 1/4Si(l) + [O] = 1/4(2SrO \cdot SiO_2)$	$-469971+103.358T$	−284	−262.3	1880	
$Mg(l) + [O] = MgO(g)$	$-493109+114.466T$	−287.1	−264.2	2730	3.58
$Sr + [O] = SrO$	$-476860+103.24T$	−291.0	−270.4	2490	4.7
$Ca(g) + [O] = CaO$	$-676405+198.95T$	−318.3	−278	2570	3.32
$Ca(l) + [O] = CaO$	$-525680+113.99T$	−320.5	−297.7	2570	3.32

表 5-3 含 Al_2O_3 的复杂脱氧生成物和相关反应的标准自由能与温度的关系

反应式	$\Delta G^\ominus-T$ 关系式 /J·mol^{-1}	$\Delta G^\ominus$/kJ·mol^{-1}		生成物熔点 /℃	密度（20℃） /g·cm^{-3}
		1800K	2000K		
$1/8Ca(g) + 1/4Al(l) + 1/4Si(l) + [O] = 1/8(CaO\cdot Al_2O_3\cdot 2SiO_2)$	$-429295+117.463T$	−217.9	−194.3	1558	
$6/13Al(l) + 2/13Si(l) + [O] = 1/13(3Al_2O_3\cdot 2SiO_2)$	$-418804+108.22T$	−224	−202.3	>1850	3.16
$2/3Al(l) + [O] = 1/3Al_2O_3$	$-446245+112.79T$	−244.1	−221.9	2050	2.97
$1/4Ba(l) + 1/2[Al](l) + [O] = 1/4(BaO\cdot Al_2O_3)$	$-447265+109.51T$	−250.1	−228.2	1815	3.50
$1/19Ca(l) + 12/19Al(l) + [O] = 1/19(CaO\cdot 6Al_2O_3)$	$-458931+114.72T$	−252.4	−229.5	1600	3.38
$2/9Ca + 1/9Ba(l) + 1/3Si(l) + [O] = 1/9(2CaO\cdot BaO\cdot 2SiO_2)$	$-428173+123.98T$	−259	−234.2	1340	
$2/5Al(l) + 1/5Si(l) + [O] = 1/5(Al_2O_3\cdot SiO_2)$	$-449743+109.143T$	−253.3	−231.5	约 1840	3.1~3.2；β 3.23~3.25；α
$1/4Mg(l) + 1/2Al(l) + [O] = 1/4(MgO\cdot Al_2O_3)$	$-466858+113.71T$	−262.2	−239.0	<2135	3.58
$1/7Ca(l) + 4/7Al(l) + [O] = 1/7(CaO\cdot 2Al_2O_3)$	$-480728+120.61T$	−265.6	−239.5	2055	2.91
$1/4Ca(l) + 1/2Al(l) + [O] = 1/4(CaO\cdot Al_2O_3)$	$-507272+129.02T$	−275	−249.2	1600	2.98
$1/4Sr(l) + 1/2Al(l) + [O] = 1/4(SrO\cdot Al_2O_3)$	$-471692+109T$	−275	−253.7	1790	
$1/2Ca(l) + 1/3Al(l) + [O] = 1/6(3CaO\cdot Al_2O_3)$	$-560667+650.01T$	−290.6	−260.647	1539~1660	3.04
$1/2Ba(l) + 1/3Al(l) + [O] = 1/6(3BaO\cdot Al_2O_3)$	$-481491+106.89T$	−289.1	−267.7	1625	
$12/33Ca(l) + 14/33Al(l) + [O] = 1/33(12CaO\cdot 7Al_2O_3)$	$-425658+75.59T$	−289.6	−274.5	1390~1420	2.83

注：1. Ca(l) 可以在大于 1774K（沸点）应用，在压力大于 1 大气压的钢液中以液态存在。

2. Mg(l)，在炼钢温度下 Mg 在大于 1 大气压下的钢液中存在时的状态。

从表 5-2 和表 5-3 可以看出，复合脱氧剂的最佳元素组合为 Ca、Al，它们间的相互作用使脱氧能力得到了很大的提高。在炼钢温度范围内，$\Delta G^{\ominus}$值达到-289.6~-274.5kJ/mol，比其他元素的组合脱氧能力更强。虽然 Ba、Al 复合脱氧反应生成 $3BaO \cdot Al_2O_3$ 接近生成 $12CaO \cdot 7Al_2O_3$ 反应的 $\Delta G^{\ominus}$ 值，但 Ba 的消耗量远大于 Ca 的消耗量，即 1 个 Al_2O_3 结合 12/7CaO，1 个 Al_2O_3 结合 3 个 BaO，消耗比为 Ca 的 $(3\times137.33)/(1.714\times40)\approx6$ 倍，可见 Ba 的质量消耗为 Ca 的 6 倍才能达到接近 Ca 的脱氧反应效果。

Ca 提高了 Al 的脱氧能力，即达到相同的脱氧效果时，减少了 Al 在钢液中的消耗量。同时，Al 也减少了强脱氧元素 Ca 的脱氧消耗和 Ca 的挥发损失，避免了二次氧化产生 Al_2O_3 夹杂物质堵塞水口现象。因此脱氧剂中应以 Ca、Al 元素为主。

5.5.3 低熔点 $12CaO \cdot 7Al_2O_3$ 复合脱氧剂

由复合脱氧产物的熔点（见表 5-2 和表 5-3）可以看出，$12CaO \cdot 7Al_2O_3$ 的熔点最低，脱氧反应的 $\Delta G^{\ominus}$ 负值大，所以应选择 Ca、Al 为主要组成成分的复合脱氧剂。

复合脱氧剂中的 Ca 与 Al 的摩尔质量比应与 $12CaO \cdot 7Al_2O_3$ 中的 Ca 与 Al 的摩尔质量比相适应，即

$$\frac{12M_{Ca}}{14M_{Al}}=\frac{12\times40}{14\times27}\approx1.27$$

此比值的复合脱氧剂产生低熔点 $12CaO \cdot 7Al_2O_3$ 的概率最大，而 Al 的消耗量也大为降低。

5.5.4 在 Ca-Al 复合脱氧剂中加入 Mg、Sr、Ba 等元素

为提高 Ca-Al 复合脱氧剂的脱氧效果和脱硫能力，细化晶粒等作用，适当加入 Mg、Sr、Ba 等元素。

配入 Mg、Sr、Ba 等元素的原则是它所产生的氧化物（MgO、SrO、BaO）溶入 $CaO-Al_2O_3$ 系中不会过多地提高脱氧产物的熔点，不影响夹杂物的长大、聚合和排出。

从三元相图 $CaO-Al_2O_3-MgO$、$CaO-Al_2O_3-SrO$、$CaO-Al_2O_3-$

BaO 看出，在生成 $12CaO \cdot 7Al_2O_3$ 化合物（$w(CaO/Al_2O_3) = 0.941$，$w(Ca/Al) = 1.27$）的条件下，$w(MgO) \leqslant 4\%$、$w(BaO) \leqslant 9\%$、$w(SrO) \leqslant 8\%$时它们的熔点分别为 1400℃、1420℃（估计）、1400℃，其产物不会提高脱氧产物的熔点，在此基础上组成的多元液体夹杂物也应该是液态的。每 100g 液态夹杂物的组成见表 5-4。

表 5-4　每 100g 液态夹杂物的组成　　g

液态夹杂物组成	CaO	Al_2O_3	MgO	SrO	BaO
$CaO-Al_2O_3$	48.48	51.52	—	—	—
$CaO-Al_2O_3-MgO$	46.541	45.46	4.0	—	—
$CaO-Al_2O_3-SrO$	44.6	47.4	—	8.0	—
$CaO-Al_2O_3-BaO$	44.12	46.88	—	—	9.0
$CaO-Al_2O_3-SrO-MgO$	42.66	45.34	4.0	8.0	—
$CaO-Al_2O_3-BaO-MgO$	42.18	44.82	4.0	—	9.0
$CaO-Al_2O_3-SrO-BaO$	40.24	42.76	—	8.0	9.0
$CaO-Al_2O_3-SrO-BaO-MgO$	38.30	40.70	4.0	8.0	9.0

将表 5-4 中的组成换算成 100g 液态夹杂中元素的克数，由此计算出复合脱氧剂中元素的含量，计算的结果见表 5-5。

表 5-5　复合脱氧剂中元素的含量

100g 液态夹杂中元素的质量/g						多元复合脱氧剂中元素的质量分数/%				
Ca	Al	Mg	Sr	Ba	总重	Ca	Al	Mg	Sr	Ba
34.63	27.27				61.900	55.95	44.05			
33.2435	24.067	2.412			59.7225	55.66	40.3	4.04		
31.58	25.1		6.765		63.445	49.76	39.56		10.66	
31.515	24.82			8.06	63.39	49.72	39.15			12.71
30.47	24.00	2.412	6.765		63.647	47.87	37.71	3.79	10.63	
30.129	23.73	2.412		8.06	63.331	47.57	37.47	3.81		12.73
28.74	22.64		6.765	8.06	62.205	46.20	36.4		10.87	12.96
27.36	21.55	2.412	6.765	8.06	66.147	41.36	32.57	3.65	10.23	12.18

5.5.5 在复合脱氧剂中加入 Fe、Si 元素

生产实践中，Al 粉中加入 50%的 Fe 粉制成 Al-Fe 复合脱氧剂，或是 Al 粉中加入 Mn-Fe 粉制成 Al-Mn-Fe(w(Fe+Mn)>70%) 复合脱氧剂，在炼钢喂丝中取得了很好的效果，降低了 Al 的消耗。可以得知，要有效提高复合脱氧剂中元素的利用率，依据钢种的需求可以适当的增加铁元素。

复合脱氧剂的密度 ρ 和成分的估算如下：

$$\rho = 1.54w(\mathrm{Ca}) + 1.74w(\mathrm{Mg}) + 2.6w(\mathrm{Sr}) + 3.5w(\mathrm{Ba}) + 2.7w(\mathrm{Al}) + 2.33w(\mathrm{Si}) + 7.86w(\mathrm{Fe})$$

式中，ρ 的单位为 g/cm^3；w 前的系数为对应元素的密度。

根据上式计算复合脱氧剂的成分，结果见表 5-6。

表 5-6 复合脱氧剂中的成分

序号	复合脱氧剂种类	加入 Fe、Si 后多元脱氧剂的组成（质量分数）/%							密度
		Ca	Al	Mg	Sr	Ba	Fe	Si	$/g\cdot cm^{-3}$
1	Ca-Al-Si	14.79	11.64				26.43	47.136	3.72
2	Ca-Al-Mg-Si	14.64	10.6	1.06			26.3	47.4	3.70
3	Ca-Al-Sr-Si	13.217	10.5		2.83		26.56	46.88	3.741
4	Ca-Al-Ba-Si	13.26	10.45			3.4	26.68	47.7	3.81
5	Ca-Al-Mg-Sr-Si	12.73	10.03	1.01	2.83		26.60	46.8	3.74
6	Ca-Al-Mg-Ba-Si	12.72	10.02	1.01		3.41	26.74	46.52	3.79
7	Ca-Al-Sr-Ba-Si	12.26	9.65		2.89	3.44	26.53	46.94	3.824
8	Ca-Al-Mg-Sr-Ba-Si	11.133	8.76	0.985	2.75	3.28	26.91	46.17	3.80

复合脱氧剂中加入 Si 结合成 Si 化合物，可降低使用过程中 Ca、Mg、Sr、Ba 的蒸发损失，提高元素的利用率。

化合物中元素的蒸气压比单元素、溶解状态的蒸气压都低，Ca-Ba、Ca-Sr、Ba-Sr 为互溶状态，为提高利用率将合金中易挥发的元素结合成 Si 化合物。

整理 Si、Al 和碱土金属（Ca、Mg、Sr、Ba）反应的热力学数据和相图中的数据列于表 5-7～表 5-9 中。

表 5-7 元素的性质

符号	Si	Al	Mg	Ca	Sr	Ba	Fe	Mn
熔点/℃	1408	660	650	843	769	729	1536	1246
沸点/℃	3280	2450	1105	1485	1350	1805	2860	2060
1600℃时元素的蒸气压/MPa			1.86	0.18	0.46	0.036	10^{-5}	0.008
在 1600℃ Fe 中的溶解度/$\times 10^{-6}$			约 560	180~310	280	43	—	互溶

表 5-8 Si 化合物性质

符号	Mg_2Si	CaSi	$SrSi_2$	$BaSi_2$	$FeSi_2$	$MnSi_2$
熔点/℃	1102	1324	1150	1180	1210	1276
含 Si/%	36.55	41.17	38.99	28.96	50	33.73
E/Si	1.735	1.428	1.565	2.45	1	1.96
$\Delta G_{298}^{\ominus}$/kJ · mol^{-1}	−76.7	−151.7	−170	−378	−75.36	−6.676
$\Delta H_{296}^{\ominus}$/kJ · mol^{-1}	−79.2		−150.72	−188	−80.4(FeSi)	−58.6

表 5-9 Al 化合物性质

化合物	$Al_{12}Mg_{17}$	$CaAl_2$	$SrAl_4$	$BaAl_4$	$FeAl_2$	$Al_{11}Mn_4$
熔点/℃	460	1079	1040	1090	1178	约 1000
含 Al/%	43.95	57.45	55.21	44.02	54	57.45
E/Al	0.784	0.741	0.8111	1.21	0.96	0.74
$\Delta G_{1573}^{\ominus}$/kJ · mol^{-1}		−197.42		−59.1		
$\Delta H_{296}^{\ominus}$/kJ · mol^{-1}		−217.3		−66.9(BaAl)	−81.46	

从表 5-7~表 5-9 可以看出，Si、Al 和碱土金属生成化合物的能力都很强，但 Si 的价格更低些，所以主要采用 Si 提高碱土金属在钢中的利用率，同时也可以提高 Al 的利用率。

按合金中生成稳定性化合物 Mg_2Si、$CaSi_2$、$SrSi_2$、$BaSi_2$、$FeSi_2$ 形式计算需 Si 量（为满足稳定性的需要选择了含 Si 高的化合物），估算如下：

$$w(\mathrm{TSi}) = 1.4w(\mathrm{Ca}) + 0.576w(\mathrm{Mg}) + 0.639w(\mathrm{Sr}) + 0.4077w(\mathrm{Ba}) + w(\mathrm{Fe})$$

式中，系数为生成的硅化物系数，例如 $CaSi_2$ 的系数为 $2\times M_{Si}/M_{Ca}=56/40=1.4$。

将复合脱氧剂的元素含量加入 50%的铁，并按各组的需要配入的 Si 量计算出表 5-10 中的数据。再由表 5-7～表 5-9 中的数据，计算出复合脱氧剂的最终组成，见表 5-6。

表 5-10　加铁 50%并加入硅后复合脱氧剂中元素的组成　　g

序号	为增加复合脱氧剂密度加入 50%铁后的组成（质量）						减少挥发损失加 Si 量	加 Si、Fe 后合金的总量
	Ca	Al	Mg	Sr	Ba	Fe		
1	27.975	22.025				50	89.165	189.165
2	27.83	20.15	2.02			50	90.1255	190.1255
3	24.88	19.78		5.33		50	88.327	188.237
4	24.86	19.58			6.36	50	87.397	187.397
5	23.94	18.86	1.9	5.32		50	88.00	188.00
6	23.79	18.75	1.9		6.37	50	86.997	186.997
7	23.10	18.2		5.44	6.48	50	88.458	188.458
8	20.68	16.28	1.83	5.18	6.09	50	85.754	185.754

表 5-6 中复合脱氧剂组成的密度在 $3.7\sim3.81g/cm^3$ 之间。

在生产中可按表 5-6 计算的数值调整，控制 Ca、Al 在±1.5%，Mg 在±0.5%，Ba、Sr 在±1%的范围，波动范围的大小和生产操作工艺有关，序号 1～8 复合脱氧剂中脱氧元素的含量：Ca 为 10%～15%，Al 为 8%～13%，Mg 为±1.5%，Ba 为 2.5%～4.5%，Sr 为 2.5%～3.5%，Si 为 46%～48%。

总化合氧量可用下式表示：

$$\text{总化合氧量} = 0.4w(\text{Ca}) + 0.888w(\text{Al}) + 0.658w(\text{Mg}) + 0.183w(\text{Sr}) + 0.1165w(\text{Ba})$$

式中，$w(\text{Ca})$、$w(\text{Mg})$、$w(\text{Al})$、$w(\text{Sr})$、$w(\text{Ba})$ 为复合脱氧剂中元素含量的质量分数，10%代入 0.1（计算得出的每 kg 复合脱氧剂结

合的总氧量)；0.4、0.888、0.658、0.183、0.1165 为系数，即单位质量结合的氧数，可以看出，Ba 与氧的化合量最少。

综上所述，以 Ca-Al 为基础的复合脱氧剂中，Ca 是 Al 脱氧的促进剂和减（抵消）耗剂，也是夹杂物的改质剂，它不仅适应生产过程，而且还提高了钢质并降低了成本。因此，炼钢企业越来越重视各种 Ca 合金复合脱氧剂，不断提升钢铁补钙的技术应用水平。

6 钙包芯线与精炼钢喂丝

6.1 钙包芯线在精炼钢中的应用

金属钙在钢铁工业中的应用，主要是制成钙基系列包芯线产品，在精炼钢时通过机械喂丝的方法加入到钢液中，用于炼钢过程中的除渣。

6.1.1 精炼钢钙处理的作用

钙处理技术是对低碳、超低碳、低硅钢种及对夹杂物形貌与数量要求严格的纯净钢，进行最终精炼处理的一种高效的技术手段。在吹氩气条件下对钢水喂入钙包芯线，不仅可以较好地实现钢水脱氧、脱硫、改变夹杂物形态，而且可以实现钢的成分微调，提高元素收得率和命中率，大幅度节约贵重元素的加入量，同时还可以提高钢水的流动性，减少钢水浇注时因水口蓄流而中断正常生产事故的发生。

钙处理技术的应用，对于稳定生产操作、提高产品质量、降低生产成本、提高经济效益和环境保护等方面都具有重要作用。

6.1.2 需要使用钙包芯线的钢

需要使用钙包芯线进行钙处理的部分钢见表 6-1。

6.1.3 使用钙包芯线的钢的生产工艺要求

6.1.3.1 钢水钙处理与洁净钢生产工艺控制原则

（1）严格控制冶炼终点渣进入钢包罐（2kg/t）。

（2）合理控制［Al］含量，并进行钙处理，保证恰当的 Ca 和 Al 的比值。

（3）保证连浇炉次与钢水成分的稳定性。

表 6-1 部分需要使用钙包芯线的钢种、钢号、标准和用途

序号	钢种	代表钢号	采用的标准	用途
1	建筑用可焊接非合金钢 $w(C) \leqslant 0.22\%$、$w(Mn) \leqslant 1.5\%$	Q195、Q235、SS310、SS400、SPHC（日本）、SPHD（日本）、Fe360、A283M	GB/T 700、GB/T 699、JIS G 3101、JIS G 31065、DIN 10025	主要用于焊管、水煤气管、农用车、结构件等
2	中碳钢 $w(C) \geqslant 0.22\%$、$w(Mn) \leqslant 1.0\%$	Q295、Q390（A ~ D 级）、SPFC590、PH355、Fe510	GB/T 1591、JIS G 3135、JIS G 3474、DIN 17155、DIN 10025	主要用于机械设备结构件等
3	冷加工及冷轧用的低碳钢 $w(C) \leqslant 0.10\%$、$w(Mn) \leqslant 0.45\%$	08、08Al、SPCE(日本)、St14	JIS G 3131、GB 710	主要用于汽车、家电钢板、冲压件、油桶板等
4	冷加工和冷轧用的高强度微合金钢 $w(C) \leqslant 0.10\%$、$w(Mn) \leqslant 1.4\%$	Q295A、St12、St13	GB/T 1591、JIS G 3134、DIN 16231	主要用于汽车、机械工业中的冲压件等
5	高强度含磷合金钢 $w(C) \leqslant 0.10\%$、$w(Mn) \leqslant 0.70\%$、$w(P) \leqslant 0.12\%$	SAPH310、SAPH370、SAPH440	JIS G 3113	主要用于汽车部件
6	改善后抗大气腐蚀的低合金高强度钢 $w(C) \leqslant 0.22\%$、$w(Mn) \leqslant 1.25\%$	09CuPTiRE、09CuPCrNi－A、SPAH(日本)、SPAD	GB/T 4171、JIS G 3125	主要用于集装箱、铁路车辆以及高速公路护栏等
7	微合金、低合金高强度钢 $w(C) \leqslant 0.22\%$、$w(Mn) \leqslant 1.8\%$	Q345、Q460、SM490(日本)、St502、St503	GB/T 1591、DIN EN10025、JIS G 3105	主要用于桥梁建筑等

6.1.3.2 钢水的要求

（1）成分稳定性。钢水成分应控制在较窄的范围，在连浇时使各炉次钢水成分相对稳定，从而保证铸坯的质量性能均匀一致。

（2）钢水的可浇性。为防止水口堵塞和不产生皮下气泡，要控制钢水中的酸溶铝，并在精炼过程中进行钙处理。

6.1.4 使用钙包芯线进行洁净钢处理

使用钙包芯线进行洁净钢处理的工艺流程和工艺要点如图 6-1 所示，其中钙处理是钢水精炼的最后工序。

6.1.5 使用钙包芯线处理钢水的质量控制

国内外部分钢铁企业钙处理钢水成分见表 6-2。

表 6-2 国内外部分薄板生产厂家的钙处理钢水成分（质量分数） %

钢水成分	C	S	P	TO	Al	Ca	N
美国纽柯钢铁公司	0.030~0.065	0.005~0.010	0.005~0.010	0.0020~0.0030	0.015~0.035	0.0015~0.0021	0.0050~0.0090
墨西哥希尔萨钢铁公司	0.035~0.045	0.003~0.005	0.005~0.007	0.0020~0.0030	0.020~0.035	0.0020~0.0035	0.0040~0.0050
泰国 SSM 暹罗公司	0.034~0.057	0.002~0.005	0.005~0.010	0.0030~0.0070	0.016~0.037	0.0011~0.0028	0.0059~0.0098
埃及亚历山大钢铁公司	0.035~0.065	0.010	0.015	0.0010~0.0015	0.020~0.040	0.0020~0.0030	0.0060
邯钢	0.16~0.19	0.002~0.006	0.010~0.019	—	0.016~0.026	0.0020	—
包钢	0.06~0.18	0.007~0.015	0.005~0.022	—	0.017~0.035	0.0023	—

国内典型钢种对钙处理钢水的基本要求见表 6-3。

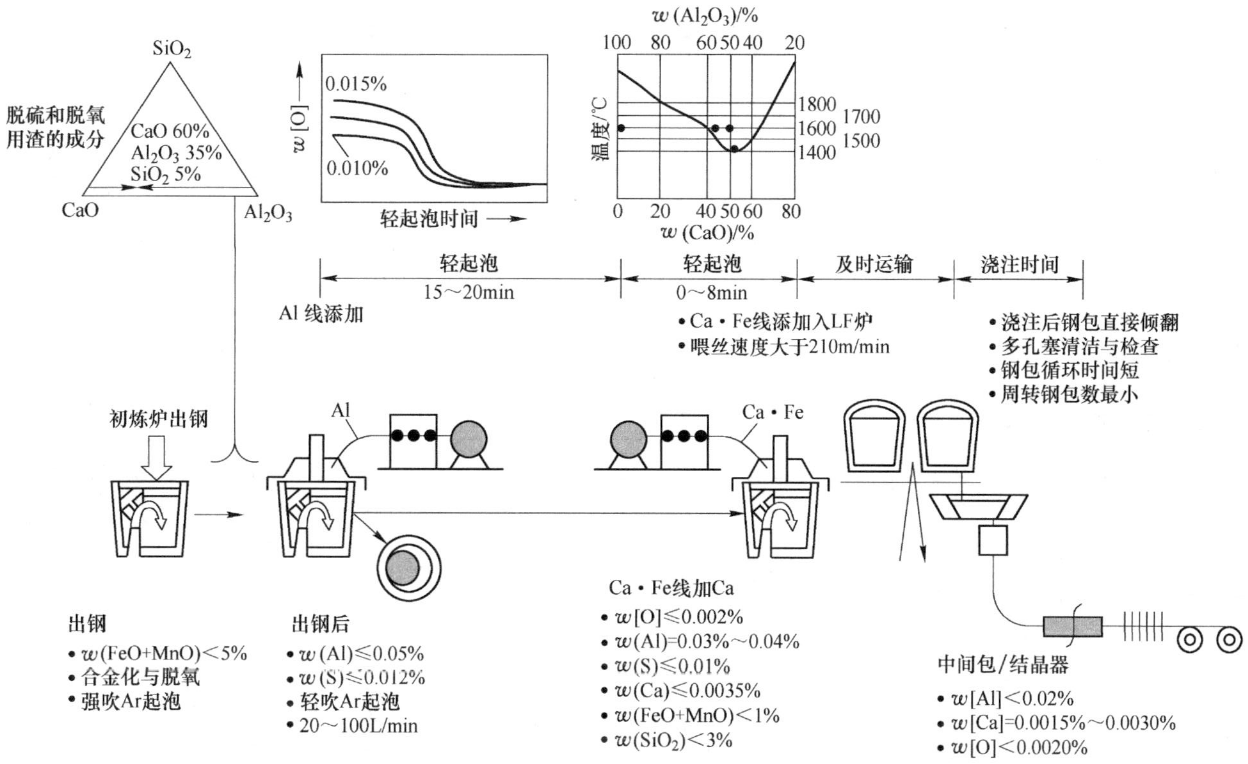

图 6-1 连铸前的洁净钢处理工艺流程和要点

表 6-3 典型钢种对钢水某些元素的控制及钙处理要求 %

序号	钢种	P	S	Cu	Cr	Ni	N	TO
1	Q195	≤0.025	≤0.012	≤0.14	≤0.1	≤0.08	≤0.01	0.0030
	Q215B	≤0.02	≤0.012	≤0.08	≤0.1	≤0.08	≤0.01	0.0020
	Q235D	≤0.025	≤0.012	≤0.14	≤0.1	≤0.1	≤0.01	0.0030
2	08Al	≤0.025	≤0.012	≤0.1	≤0.08	≤0.08	≤0.008	0.0020
	10	≤0.025	≤0.012	≤0.1	≤0.1	≤0.1	≤0.008	0.0020
	15	≤0.025	≤0.012	≤0.08	≤0.1	≤0.1	≤0.008	0.0025
	35	≤0.025	≤0.012	≤0.14	≤0.1	≤0.1	≤0.008	0.0025
3	Q345D	≤0.025	≤0.01	≤0.1	≤0.1	≤0.08	≤0.008	0.0025
	Q460D	≤0.025	≤0.01	≤0.1	≤0.1	≤0.08	≤0.008	0.0025
4	SAPH310	≤0.02	≤0.01	≤0.08	≤0.05	≤0.05	≤0.008	0.0020
	SAPH440	≤0.02	≤0.008	≤0.08	≤0.05	≤0.05	≤0.008	0.0020
5	09CuP	0.08~0.12	≤0.01	0.25~0.45	≤0.1	0.15~0.25	≤0.01	0.0030
	09CuPCrNi-A	0.08~0.12	≤0.01	0.25~0.55	0.3~1.25	0.15~0.65	≤0.01	0.0030
6	S290	≤0.025	≤0.01	≤0.08	≤0.1	≤0.1	≤0.008	0.0025
	S415	≤0.025	≤0.01	≤0.08	≤0.1	≤0.1	≤0.008	0.0025
	S480	≤0.025	≤0.01	≤0.008	≤0.1	≤0.1	≤0.008	0.0025
7	MRSC02	≤0.01	≤0.008	≤0.08	≤0.04	≤0.04	≤0.004	0.0020
	MRSC05	≤0.01	≤0.008	≤0.08	≤0.08	≤0.08	≤0.006	0.0020

注：所有钢种当中要求 H 低于 6×10^{-6}，且都必须在精炼炉中进行钙处理，以防 Al_2O_3 堵塞水口和引起表面缺陷。

钙包芯线所使用的主要功能性原料是金属钙，其产品价格和质量一直是包芯线生产厂家和钢铁企业十分关心的问题。事实上，“金属钙生产企业→包芯线生产企业→钢铁企业”已经形成了一条紧密的产业链，也是一个利益关联体。

6.2 精炼钢喂丝工艺

喂丝技术起源于用金属钙对铝镇静钢进行净化处理，其目的就是要把密度小、沸点低、易氧化以及在钢水中的溶解度很小的钙，同其他方法相比更经济、更有效地加入到钢水中。

经过多年的探索与工艺改进，喂丝技术如今不仅是世界各国炼钢与铸钢企业用来往钢水中加钙（或钙合金）或许多其他难添加元素的首选，而且还是一种用以精确控制化学成分的必备手段。

我国某钢厂以品种、质量为发展方向，创造了国内系列优质品牌产品，主要产品包括优质碳素钢、焊接用钢、冷镦钢、弹簧扁钢、高级硬线钢等。该钢厂是国内重要的焊接用钢、弹簧扁钢、高级胎圈钢丝、钢绞线和钢帘线生产基地。为了提高钢水纯洁度，保证产品质量，该钢厂对钢水喂丝处理有严格要求。包芯线的结构如图 6-2 所示，包芯线的成型原理如图 6-3 所示。

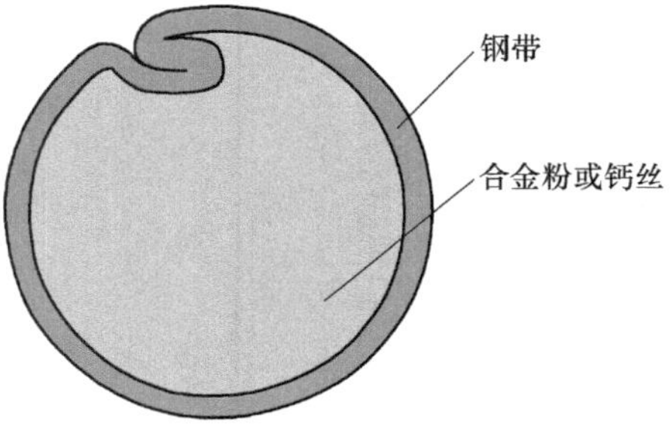

图 6-2　包芯线的结构

图 6-3　包芯线的成型原理

6.2.1 钙包芯线喂丝技术要求

（1）喂丝角度。喂丝机应安装在精炼钢的钢包上方一侧，钙包芯线与喂丝机上线齿轮成弧形状，便于钙包芯线在喂丝过程快速流动；喂丝枪是输送钙包芯线的终端，与钢包中的溶液成垂直状态，便于钙包芯线直接进入钢液深处。

（2）喂丝速度。钙包芯线喂丝速度一般控制在120~160m/min。

（3）喂丝量。不同钢种，成分和性能要求不同，因此通过喂丝无论是微调成分还是夹杂物变性处理，都需要有合适的喂线量，否则可能对钢水质量带来负面影响。

6.2.2 各类包芯线喂丝工艺控制

（1）硅钙线。

使用钢种：H08系列、ER50-6E、部分冷镦钢、无钙含量要求的中高碳钢；

喂丝速度：≥3m/s；

喂丝量：3m/t。

（2）铝钙线。

使用钢种：冷镦钢；

喂丝速度：≥3m/s；

喂丝量：4~5m/t。

（3）铝线。

使用钢种：冷镦钢；

喂丝速度：≥4m/s；

喂丝量：0.6m/t。

（4）钛铁包芯线。

使用钢种：20MnTiB、细化晶粒增加渗透性的特殊钢种；

喂丝速度：≥4m/s；

喂丝量：3m/t。

（5）碳线。

使用钢种：子午线轮胎用钢帘线；

喂丝速度：≥4m/s；

喂丝量：100~200m/t。

6.2.3 喂丝工艺的主要优点

（1）见效快，方便维护。

（2）结果稳定，重现性好。

（3）合金收得率高，消耗量少。

（4）处理作业的温度低。

（5）适合各种规模的炼钢厂与钢包的精炼处理。

（6）可在一次操作中完成脱氧、脱硫和合金化或微合金化或夹杂物变质处理。

6.2.4 钙包芯线喂丝的意义

（1）投资少，操作简单。

（2）脱氧不良或转炉下渣通过喂丝平衡钢水中的氧含量。

（3）过程温降小，微调钢水成分可控性强。

（4）提高密度小的合金回收率。

（5）夹杂物变性处理效果好。

（6）提高氧化性强的合金元素在钢水中的残留量。

6.2.5 喂丝工艺的作用

（1）喂线技术主要用来往钢水加钙（或钙合金）或许多难添加元素（见表 6-4），或者作为一种用以精确控制化学成分的必备手段。

表 6-4 钢水中难添加的合金元素

密度小	溶解度低	熔点低	沸点低	蒸气压高	对氧亲和性大
Ca	Pb	S	S	Mg	Ca
Mg	Ca	Se	Se	Ca	Mg
C	Mg	Pb	Mg	Se	Ce
B		Bi	Ca	Te	Zr
Si		Mg			Al
S		Al			Ti
Se		Ce			Si
		Ca			Cb

（2）非金属夹杂物的变性处理就是向钢液加入某些固体溶剂，即变性剂，如 Ca-Si、稀土合金等，改变存在于钢液中的非金属夹杂物的性质，达到消除或减小它们对钢性质的不利影响，以及改善钢液的浇注性，保证连铸工艺的顺利进行。

（3）喂丝技术也可用来往钢水中加入其他合金元素，尤其是那些难以添加或不能稳定添加的合金元素。由于包裹合金粉剂的外皮可以使其不与空气和渣接触，因而可以精确地进行合金成分微调。

1）往钢水中加钛、硼、铌、钒、稀土。

2）往易切削钢中加硫、钙。

3）钢水炉后增碳。

4）加铝脱氧。

6.2.6 影响喂丝工艺的主要因素

（1）喂丝速度。喂丝速度是决定喂丝处理过程能否取得预想结果的关键因素。如图 6-4 所示，喂丝速度过快，会导致钢液中的钙不能及时反应，无法充分处理钢液中的夹杂物，会造成收得率下降；喂丝速度过慢，会导致钢液中的钙离子达不到充分处理钢液中夹杂物的钙总量，也会造成收得率下降。

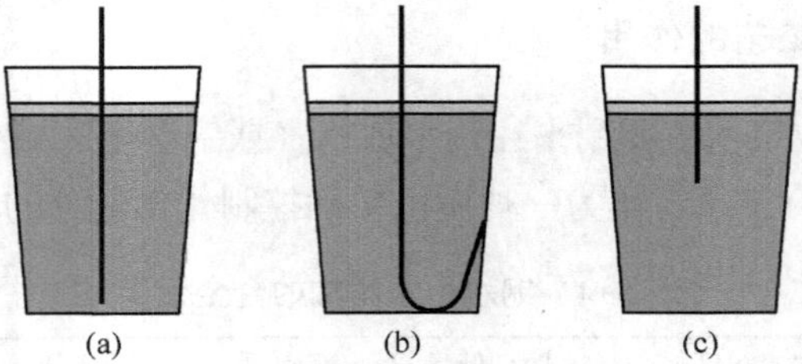

图 6-4 影响喂线技术的主要因素

（a）速度最佳；（b）速度太快；（c）速度太慢

当钢包的尺寸和所装入的钢水量固定时，一种钙包芯线的喂丝速度只有一个最佳速度。

$$v = kh$$

式中 v——最佳喂丝速度，m/min；

h——铁水或钢水的真实深度，m；

k——速度修正常数。

最佳喂丝速度仅仅是钢水深度的函数，与钢包中钢液的温度关系不大，如图 6-5 所示。

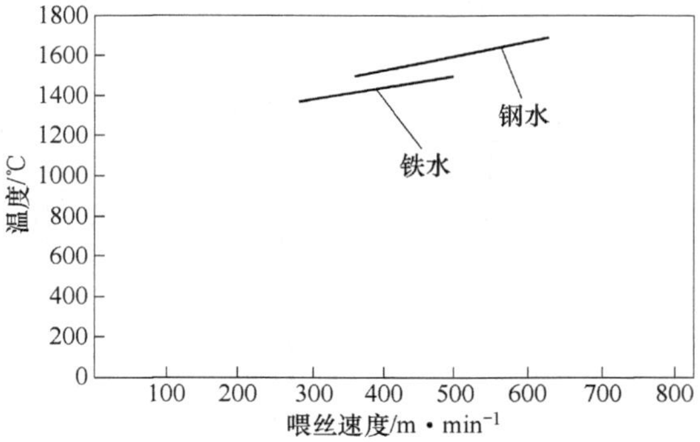

图 6-5 最佳喂线速度与钢包中钢液的温度关系

（2）钢水处理温度。钢水处理温度直接关系钙的收得率，如图 6-6 所示。钢包中钢液的温度越高，钙的蒸气压越大，钙从钢液逃逸的速度越快，钙在钢液中的停留（或与钢水的作用时间）越短，钙处理的有效率及回收率越低。

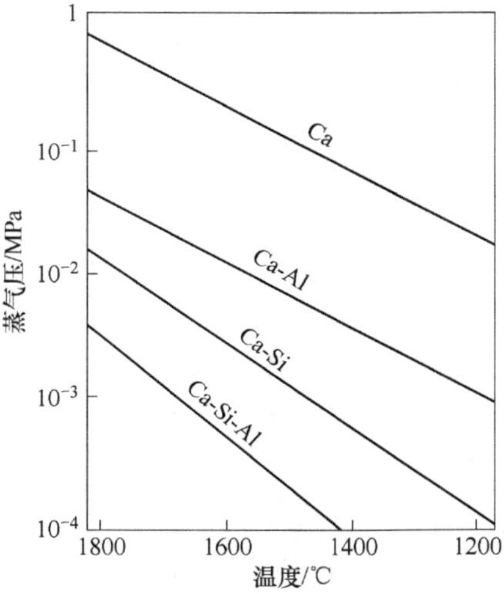

图 6-6 钢水处理温度直接关系着钙的收得率

（3）其他主要因素。喂线机在最佳速度条件下的有效工作时间越长，钙的有效率与回收率越高，如图 6-7 所示。若是喂丝机出现停止喂丝现象，必须立即启用备用喂丝系统。如果没有备用喂丝系统，只能停止钢包作业。

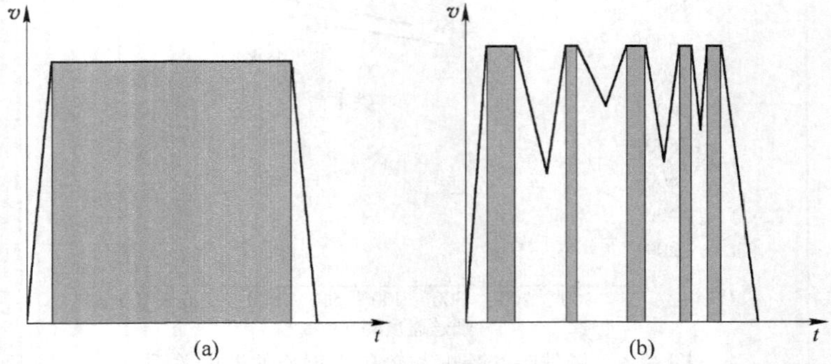

图 6-7　钙的有效率与回收率

（a）好；（b）不好

喂丝机的工作性能、钙包芯线的加工质量、钙包芯线的入射角与高度对喂丝处理结果具有不可忽视的作用。比如：因钙包芯线加工质量出现喂丝断裂，不得不暂停喂丝，待再次上线后才能继续喂丝。又如：喂丝入射角偏小或偏大，钙包芯线都会在钢液上方进行反应（见图 6-8），钙包芯线不能深入钢包底部进行排渣处理，影响钢包喂丝效率，降低精炼钢除杂。

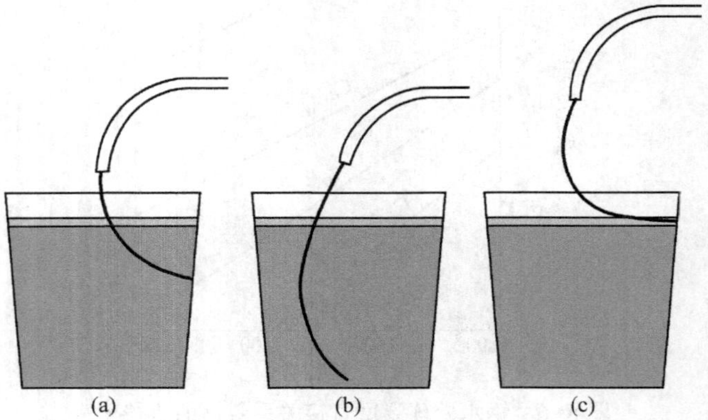

图 6-8　影响喂丝结果的主要因素

（a）入射角度不对；（b）入射角度正确；（c）入射角度太高

6.2.7 某钢厂喂丝工艺试验

90t EAF 和 100t LF 炉冶炼工艺按现有工艺执行。试验炉号吊包前喂纯钙包芯线，不喂硅钙线。纯钙包芯线喂入量为 100t 钢水，成品无铝要求的钢种每炉喂 70～80m，成品有铝要求钢种每炉喂 90～100m，对于有 w(Ca/S) 要求的钢，每炉喂入 300～500m，以 w(Ca/S) 达到要求为准。

喂线速度为 2.2～2.4m/s，每喂入 30～40m，停止 5～10s，或换点再进行喂线。试验跟踪炉数：80～100 炉，其中 w(Ca/S)≥2.0 的钢种试验 10 炉左右。得出纯钙包芯线与 Ca-Si 线数据对比，见表 6-5。

表 6-5　纯钙包芯线与 Ca-Si 线数据对比

喂丝种类	钢　种	统计炉数	每炉平均钢水量/t	每炉平均喂丝量/kg	平均钙含量 $(\times10^{-6})$	钙收得率/%
纯钙线	无 w(Ca/S) 要求	6	101.65	22.56	17.12	25.50
	w(Ca/S)≥2.0	323	93.22	87.83	42.83	15.03
Ca-Si 线	无 w(Ca/S) 要求	188	104.92	83.25	19.08	15.75
	w(Ca/S)≥2.0	7	97.21	294.6	37.71	7.70

试验钢种主要有 HSL245S、HSL290S、30CrMo、34CrMo4、34CrMo4/2、35CrMo、37Mn、37Mn5、20#、27SiMn、L360NB、WB36、HS95S、HS110S、12Cr1MoVG 等钢，其中按 w(Ca/S)≥2.0 工艺执行的 HSL245S 钢共 6 炉。

钙的收得率计算方法：

$$钙收得率 = [钢水平均钙含量(\times 10^{-6}) \times 平均钢水量(t)] \div [95\% \times 0.31835 \times 平均喂丝量(kg) \times 1000] \times 100\%$$

纯钙线含芯粉重量为 0.31835kg/m。

从上可以看出，纯钙包芯线在无 w(Ca/S) 要求的钢种中收得率为 25.50%，较同期的 Ca-Si 收得率高 9.75%；在 w(Ca/S)≥2.0 的钢种中收得率为 15.03%，较同期的 Ca-Si 收得率高 7.33%。纯钙包芯线与 Ca-Si 线使用量对比见表 6-6。

表 6-6 纯钙包芯线与 Ca-Si 线使用量对比

钢种	喂丝种类	钙包芯线的钙含量/%	钙收得率/%	钢种喂 Ca/%	每炉钢喂入量/kg
无 w(Ca/S)要求	纯钙线	95	25.50	0.0018	23.34
	Ca-Si 线	28	15.75	0.0018	74.84
有 w(Ca/S)要求	纯钙线	95	15.03	0.0040	88.00
	Ca-Si 线	28	7.70	0.0040	340.17

在无 w(Ca/Si) 要求钢种使用纯钙包芯线比使用 Ca-Si 线成本下降 1.16 元/t，吨钢同比降成本为 15%；在 w(Ca/S)≥2.0 的钢种使用实芯纯钙包芯线比使用 Ca-Si 线成本降低 10.24 元/t，吨钢同比降成本为 30%。纯钙线与 Ca-Si 线成本比较见表 6-7。

表 6-7 纯钙线与 Ca-Si 线成本比较

钢种	喂丝种类	每炉钢喂入量/kg	折合硅铁/kg	每炉减硅铁成本/元	含税价格/元·kg^{-1}	吨钢成本/元	纯钙线降成本/元·t^{-1}	降成本比例/%
无 w(Ca/S)要求	纯钙线	23.34	—	—	27.40	6.40	1.16	15
	Ca-Si 线	74.84	29.93	202.11	12.80	7.56		
有 w(Ca/S)要求	纯钙线	88.00	—	—	27.40	24.11	10.24	30
	Ca-Si 线	340.17	136.05	918.64	12.80	34.36		

6.3 炼钢喂丝（包芯线）流程

国内某钢厂钢轧中的精炼环节，主要是利用金属钙去除铁矿石中的氧化铝，使精炼钢通过钙的反应后促进铝的反应效率。国内某钢厂轧钢车间的喂丝流程如图 6-9 所示。

这家钢厂在钢轧精炼中，钢水精炼时间为 42min，优质钢在 70min 左右，每炉钢水约为 300t，钙包芯线的喂丝量可以达到 420~570m。

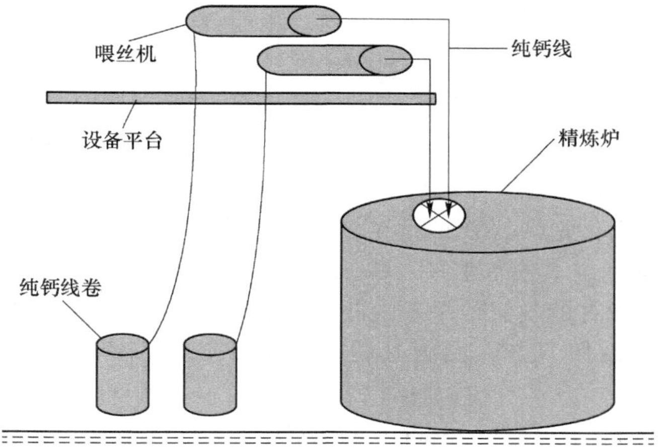

图 6-9 国内某钢厂轧钢车间的喂丝流程

对现场数据进行了对比（见表 6-8），其产品均为（实芯）钙包芯线。

表 6-8 炼钢喂丝包芯线数值比较

熔炼号	钢水量/t	喂丝		底吹情况		$w(Ca)/\%$
		种类	长度/m	透气砖 1	透气砖 2	
11201459	288.6	纯 Ca	500	良好	良好	0.0026
11201460	289.1	纯 Ca	491	良好	良好	0.0023
11301853	300.8	纯 Ca	491	良好	良好	0.0053
11201463	301	纯 Ca	452	良好	良好	0.0023
11301855	311.6	纯 Ca	452	良好	良好	0.0051
11301586	301.2	纯 Ca	452	良好	良好	0.0016
11301857	301.5	纯 Ca	452	良好	良好	0.0022
11301858	310.9	纯 Ca	500	良好	良好	0.0024
11301859	310.8	纯 Ca	450	良好	良好	0.0024
11301860	308	Ca	450	良好	良好	0.0024
11301861	298.7	Ca	450	良好	良好	0.0024
11301863	313.4	Ca	450	良好	良好	0.0026

6.4 钢液钙处理

6.4.1 钢液钙处理的发展历程

1906 年，瓦茨（Watts）把 CaSi 加入到钢液中，发现能改善钢的纯净度。1908 年戈尔德史密特（Goldschmidt）指出 CaSi 是钢液的有效脱氧剂，此观点在 20 世界 20 年代被大量试验证实。

1908 年，盖伦基尔兴（Geilenkirchen）使用 Al 和 Ca 的混合物也得到了较好的脱氧效果。由此，人们认识到：含有 Ca 的合金是钢液的有效脱氧剂，因为其脱氧产物比较轻，容易上浮到钢液表面。

1921 年，安德生（Anderson）证实了纯钙金属的脱氧效果。

1932 年，曼特尔（Manteil）和哈迪（Hardy）提出了加钙的方法：把钙混入海绵铁或钢屑中压成小球或方块，用气枪射入钢液中。此即气枪射钙球工艺，如图 6-10 所示。

图 6-10 气枪射钙球工艺

20 世纪 70 年代开始，国外开始使用钢包喂丝技术。我国于 20 世纪 90 年代引进这项技术。如今，钢包喂丝处理技术已经在世界上得到了广泛应用。

6.4.2 钢液钙处理的作用

钢液中的氧分为溶解氧和全氧。溶解氧以气泡形式存在；全氧存在于非金属夹杂物中。降低溶解氧含量可改善钢坯的表面质量和消除气泡；降低全氧量可去除氧化物夹杂和提高钢的洁净度。钙是迄今为止用于炼钢中的最强脱氧剂，它与钢液中的溶解氧和非金属夹杂里的全氧具有独特的化学结合能力。用钙处理钢液，钢的晶粒度可以得到改善，对脱硫、脱氧、合金微调以及控制钢中夹杂物形态也是非常有效的，同时还可以改善钢的韧性，尤其是在改善铝镇静钢钢液可浇性方面优势更加明显。

（1）线材：钙处理前，在轧制后的产品中发现了成串排成 5mm 或更长的 $MnO-SiO_2$ 或 $Al_2O_3-SiO_2$ 夹杂物；钙处理后，长条形夹杂物被球化和细化到 5~7μm，线材具有更高的强度和韧性。

（2）油田管线和套管：用来生产油田管线和套管的钢板中的非金属夹杂是制管厂的一个质量难题。钢在焊接和锻造时，在粗大的夹杂物处易形成弯曲裂纹或放射裂纹。对钢管进行超声波探伤发现，钙处理前，检废率高于 9%；钙处理后，检废率低于 1%。

（3）板材：钙处理后，板材的冲击性能是钙处理前同一钢种的两倍，可使冷轧板的毛刺缺陷从 15%降低到 5%以下。

钙属于较为活泼的元素。液态钙的密度约为 $1540kg/m^3$，钢液的密度约为 $7000kg/m^3$。因此，钙珠在钢液中极易上浮；在气态下，钙的上升速度更快。

钙蒸气的饱和压力和饱和温度之间的对应关系如图 6-11 所示。图中临界深度指与饱和压力对应的钢液深度。当钢包温度一定时，将钙送入大于临界深度的钢包深度，钢液静压力将抑制钙的气化，使钙收得率大幅提高。国内外的研究主要集中在如何将钙送入临界深度以下。

目前，国外喂钙丝的钙收得率都在 30%以上。国外钙处理喂丝经历了钢液表面喂丝和钢液内部喂丝两个阶段。其中，内部喂丝出现了第一代喂丝枪和第二代喂丝枪。国外的喂丝系统中，喂丝机和导丝管（喂丝枪）之间有由压缩空气驱动的活塞气缸密封装置，氩

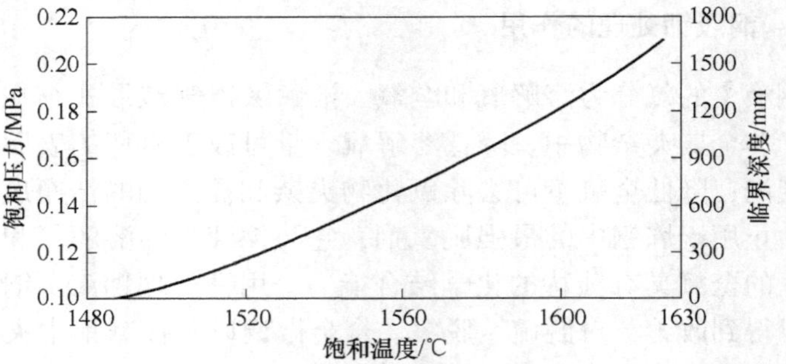

图 6-11　钙蒸气的饱和压力和饱和温度之间的关系

气和钙丝从喂丝枪中的同一通道进入钢液内部。不同阶段喂钙丝的钙收得率如图 6-12 所示。

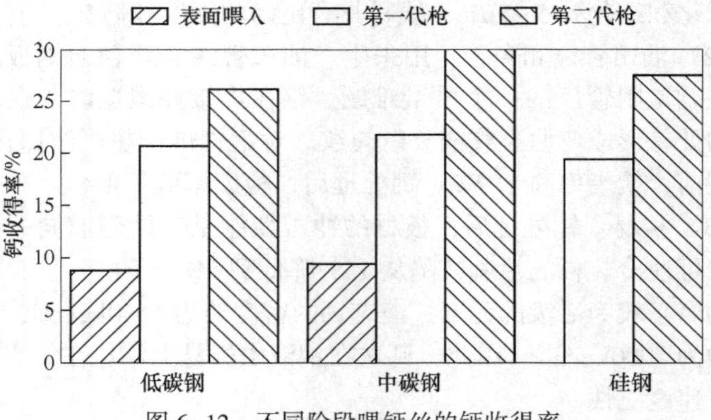

图 6-12　不同阶段喂钙丝的钙收得率

国内依旧处在表面喂丝阶段，喂钙丝的钙收得率平均为 12%。产生这种差别的原因在于国内在喂丝机和导丝管之间没有密封装置。国内可以采用气体旋流喂丝枪技术进行内部喂钙丝。气体旋流喂丝枪是针对国内的设备现状，依据工程热力学、工程流体力学和传热学的基本原理研制的，可直接套装在导丝管外进入钢液内部的喂丝工艺技术。2012 年，武汉工业大学熊烈强教授完成了大气压下的水模拟实验，测试了其应用特性，效果较为显著。这一技术的工业应用，将推动我国钢铁喂丝技术的大进步。

6.4.3 钙的加入方法

6.4.3.1 原始法

在1950年前后，CaSi作为添加剂广泛用于炼钢中。其常用的加入方法是把钙合金直接投入到炉内、出钢钢流、钢包或中间包内，也可以在出钢前先把钙合金放入钢包或中间包的底部。这种方法简单易操作，但存在CaSi处理效果不稳定、重现性差、钙收得率低等缺点。

1961年，德昂（Dunn）提出把钙合金放入插在铁棒端部的钢制篮子中或把钙合金填入钢管内，再插入钢液深部。

1970年，列宾斯基等研究发现，为抑制Ca产生的高蒸汽压，需将钙合金加入到钢液表面以下的深度。

6.4.3.2 喷射法（TN法）

1974年，TN公司开发了用氩气喷吹含钙粉的技术，即陶瓷喷管插入钢液表面以下2m处，钙粉（CaSi或CaC_2）混入氩气流经喷管进入熔池底部。喷射法的缺点是：金属与空气接触，氮含量会增加，吸收氢气，粉末有爆炸的危险。氩气喷吹钙粉装置如图6-13所示。

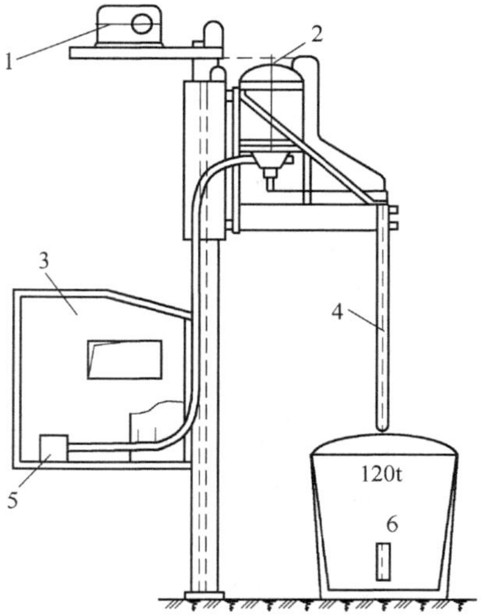

图6-13　氩气喷吹钙粉装置

1—升降台驱动装置；2—钙粉罐；3—控制柜；4—喷枪；5—氩气压缩机；6—钢包

6.4.3.3 弹丸投射法（SCAT 法）

1975 年，日本住友公司把 CaSi 粉装入用铝壳制成的弹丸中，再射入钢液，此即弹丸投射法。CaSi 粉弹丸投射装置如图 6-14 所示。

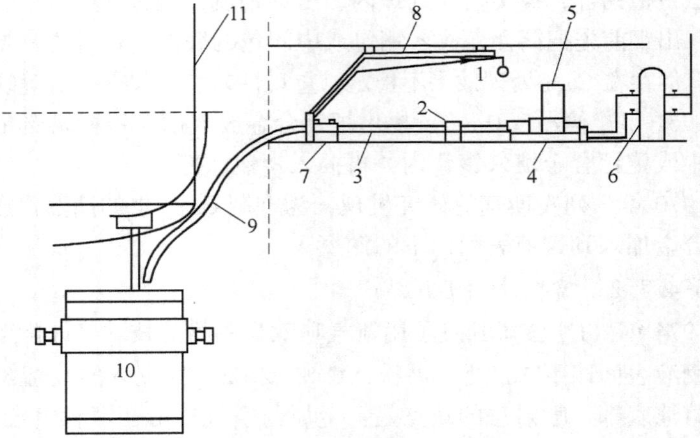

图 6-14 CaSi 粉弹丸投射装置

1—卷扬机；2—传感器；3—固定导向管；4—喷射机；
5—储存器；6—储气罐；7—导向连接器；8—导轨；
9—柔性导向管；10—钢包；11—转炉

6.4.3.4 表面喂丝法（WF 法）

1968 年，卡特尔（Carter）发明了带 V 形槽喂丝轮的丝焊机。1970 年，这种丝焊机被移植到向钢液喂铝线中。V 形槽喂丝焊机喂铝线装置如图 6-15 所示。

1971 年，喂丝机用于喂钙线，由于受丝焊机的影响，包芯线的直径只有 4.8mm 和 7mm 两种规格，钢壳厚度为 0.2mm，咬口式，芯材为纯 Ca、Ca+Al 或 CaSi 粉剂。

1979 年，菲泽尔（Pfizer）公司发明了带错开齿 V 形槽喂丝轮的喂丝装置，可喂直径 2~15mm 的线，优选直径 3~8mm。

1988 年，阿菲瓦尔（Affival）公司研制了咬口式双核包芯线，喂该线的喂丝轮为带纹路或非金属覆层的圆弧槽。圆弧槽主要是尽

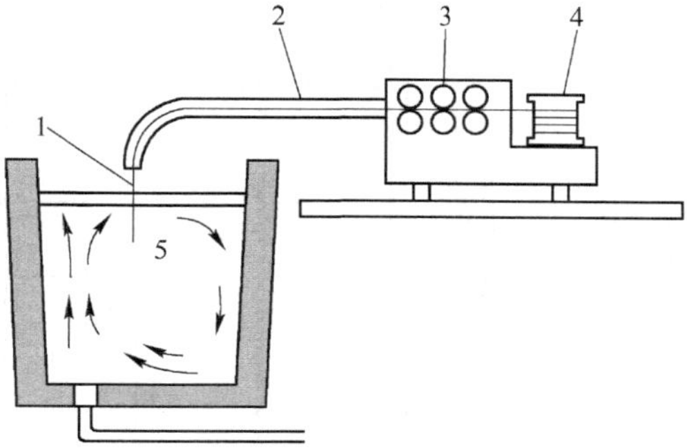

图 6-15 V 形槽喂丝焊机喂铝线装置

1—包芯线；2—导丝管；3—喂丝机；4—包芯线卷筒；5—钢包

量保持包芯线的圆截面，减小内应力，以消除受热后内应力引起的包芯线在钢液表面的卷曲，保持包芯线的刚度。该公司还有矩形截面包芯线产品。

20 世纪 90 年代初，我国引进了喂丝技术，仿制了带圆柱面齿形喂丝轮的喂丝机，咬口式包芯线主要是 ϕ13mm 包芯线，也生产了矩形截面包芯线。ϕ13mm 包芯线碾压后成 11.5mm×16.5mm 的扁平形，压痕深。

2005 年，印度塔塔（Tata）公司试验了咬口式 ϕ13mm、ϕ16mm、ϕ18mm 包芯线，推荐使用大直径包芯线。

6.4.3.5 内部喂丝法（WL 法）

1983 年，菲泽尔（Pfizer）公司发明了带活塞气缸密封装置（见图 6-16）的喂丝机，配星形喷嘴（见图 6-17）喂丝枪可实现临界深度以下的内部喂丝。密封装置和星形喷嘴需要圆截面包芯线，但大直径包芯线会增加密封件与包芯线之间的阻力和氩气流量。

6.4.4 钙包芯线的选择

选择钙包芯线时，主要考虑以下几个方面：

（1）包芯线芯材。合金钙包芯线，如 CaSi 线，在工业化生产中能够低成本获得，并且 Si 的存在能够提高钙收得率。复合钙包芯线，

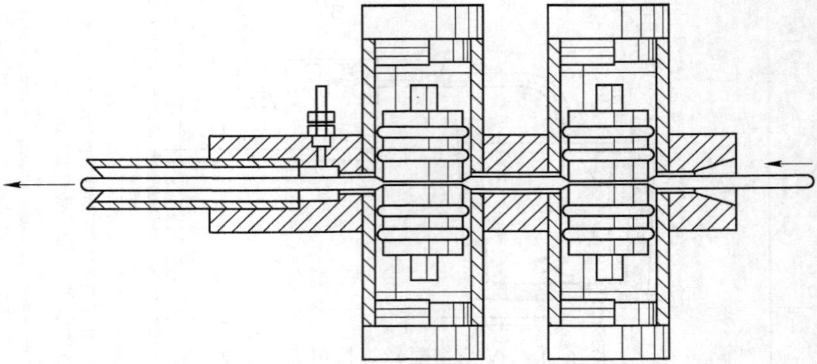

图 6-16 活塞气缸密封喂丝机

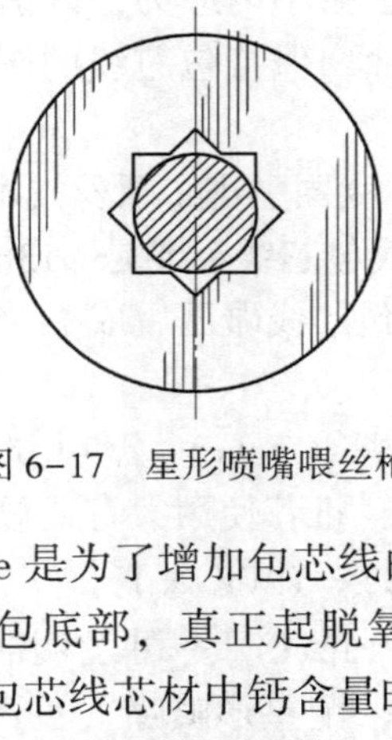

图 6-17 星形喷嘴喂丝枪

如 CaFe 线，其中加入 Fe 是为了增加包芯线的密度，在相同条件下，使所喂入的钙更接近钢包底部，真正起脱氧作用的是金属钙元素。在检验合金钙或复合钙包芯线芯材中钙含量时，分辨 CaO 中的 Ca 有困难；还原钙和电解钙在钙处理中差别并不大。为保护钢铁企业的利益，维护包芯线行业的信誉，推荐生产、使用高致密还原钙芯材包芯线。

（2）包芯线封口方式。在表面喂丝中，咬口式包芯线和焊接式包芯线都可以使用。但咬口式包芯线在咬口处存在类三角空隙，会将空气带入钢液。虽然加顶沟可以消除空隙，但会使包芯线中存在预应力，受热后容易卷曲。在内部喂丝中，焊接式效果更好。推荐生产、使用焊接式包芯线。

（3）包芯线截面形状。在表面喂丝中，对包芯线截面形状没有限制，圆形、矩形甚至多边形均可。在内部喂丝中，由于密封和喷嘴要求，需圆截面形状包芯线，但之前可以是非圆。推荐生产、使用圆或类圆截面包芯线。

（4）包芯线芯材外壳质量比。钙处理起脱氧作用的是芯材钙，外壳只是其包装物。芯材与外壳质量比越高，钢铁生产企业钙处理的成本越低。考虑钙密度（$1.55g/mm^3$）和钢外壳密度（$7.8g/mm^3$）以及外壳的必要厚度，推荐生产、使用芯材与外壳质量比大于 1 的包芯线。

包芯线成型机应借鉴焊管成型机进行技术改造。通常所指的普通喂丝机（约 30 万元/台）是没有活塞气缸密封装置的喂丝机，有活塞气缸密封装置的喂丝机（约 500 万元/台）专利从 1983 年开始生效，现 20 年保护期已过。目前国内已有专门为普通喂丝机研制的内部喂丝技术，没必要再效仿活塞气缸密封装置的喂丝机。国内应综合阿菲瓦尔（Affival）公司的喂丝轮，建议将圆柱面齿形喂丝轮改造成圆弧槽喂丝轮。

钢铁企业应对活动导丝管升降台进行适当改造，以适应内部喂丝所需要的升降程度。

6.5 喂丝技术与钙收得率

6.5.1 国内外喂丝技术

1979 年，美国菲泽尔（Pfizer）公司 Hubenko 和 Nicholas 申请了美国专利，研制了一种喂丝装置。该专利中，喂丝轮采用 V 形错位锥齿轮，如图 6-18 所示。被碾压后的包芯线如图 6-19 所示。其截面变形小，属于表面喂丝技术。

1983 年，美国 Pfizer 公司的 Wirth Jr. 和 Emil J. 申请了美国专利，研制了一种丝状料喷射装置。该专利在喂丝机和喂丝枪之间加装了油压缩空气驱动的活塞气缸密封装置，这就是第一代内部喂丝技术，如图 6-20 所示。氩气和钙丝从喂丝枪中的同一通道进入钢液内部，如图 6-21 所示。枪头采用收缩喷管，如图 6-22 所示。喂丝枪进入或离开钢液内部依靠喂丝工作台的升降，如图 6-23 所示。

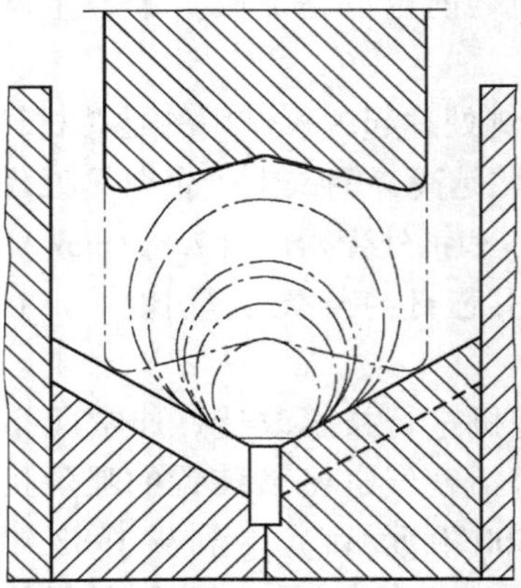

图 6-18 V 型错位锥齿轮

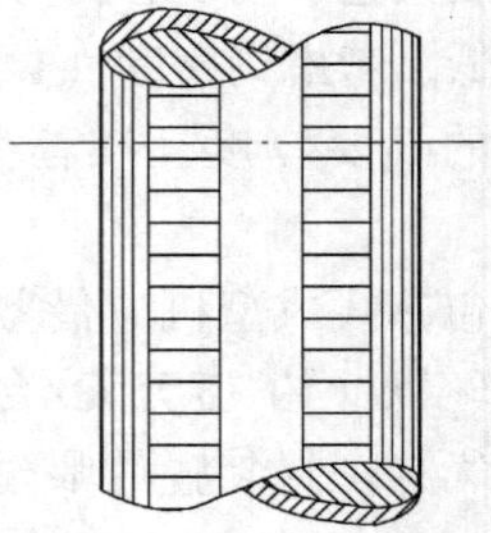

图 6-19 碾压后的包芯线

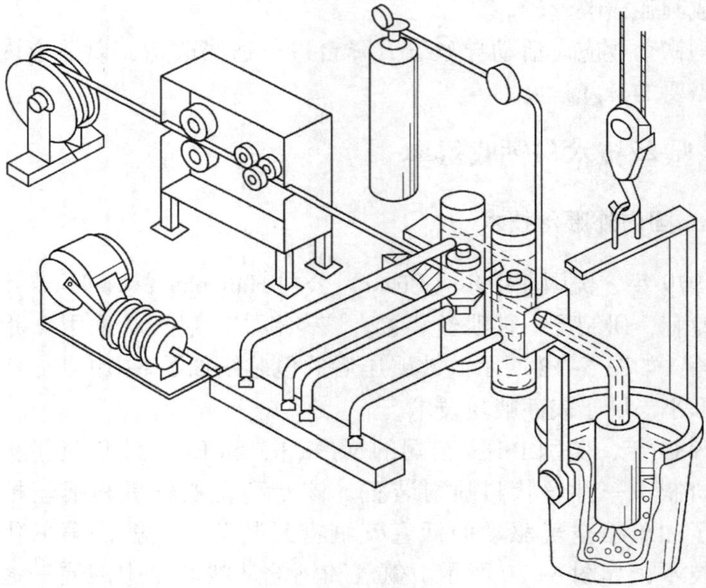

图 6-20 第一代内部喂丝装置

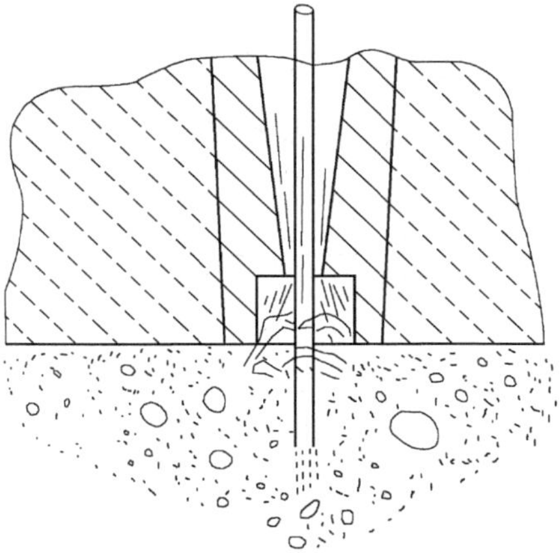

图 6-21 氩气和钙丝进入钢液内部

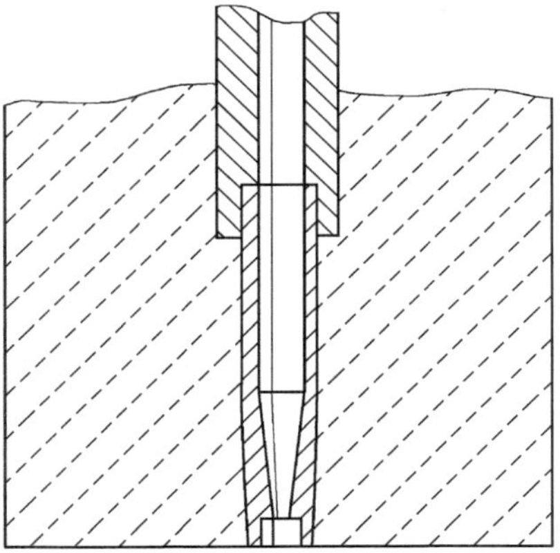

图 6-22 收缩喷管

同年，美国 Pfizer 公司的 Kaiser 和 Joseph G. 申请了美国专利，公开了一种在铁质熔池中加钙的工艺。将喂丝枪头下降到临界深度（*D*）以下，如图 6-24 所示，氩气沿枪体上升，带动钢液环流。在临界深度以下喂丝，不再需要底吹氩气。

1986 年，美国 Pfizer 公司的 Wirth Jr. 和 Emil J. 申请了美国专利，研制了一种丝状料喷管。该专利将枪头出口喷嘴截面设计成星形。该技术于 1988 年申请了中国专利。

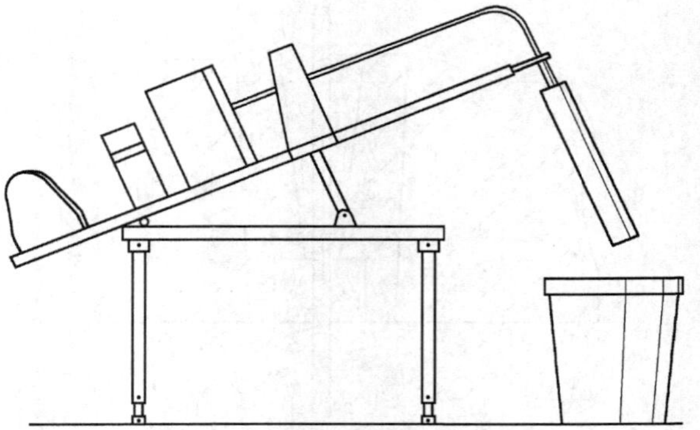

图 6-23　工作台升降

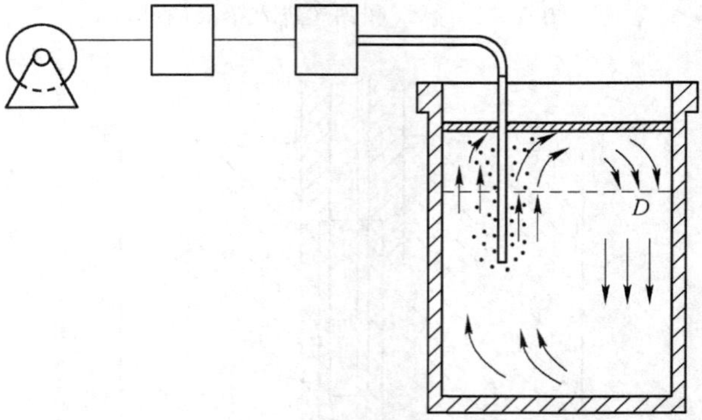

图 6-24　临界深度以下喂丝

1987 年，法国 Affival 公司的 Douchy 和 Michel 申请了法国专利，研制了一种在单层包芯线外再附着一层耐火材料的双层包芯线，该包芯线结构如图 6-25 所示。

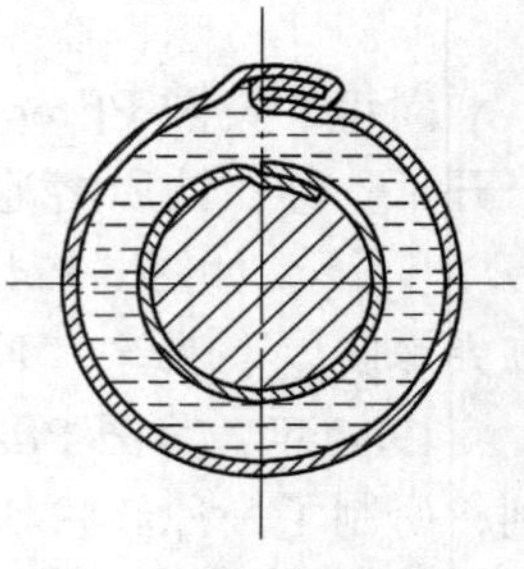

图 6-25　双层包芯线

2000 年，法国 Affival 公司的 Poulalion 和 André 申请了法国专利，研制了一种在金属熔池中加包芯线的设备和方法。该专利仍然采用双层包芯线，以做往复运动的矫直装置代替喂丝机。Affival 公司的喂丝系统如图

6-26 所示。这项技术属于表面喂丝，该技术于 2010 年申请了中国专利和美国专利。这种双层包芯线的硬度较高。目前该技术的研究主要集中在枪头材料和包芯线的外层耐火材料上。

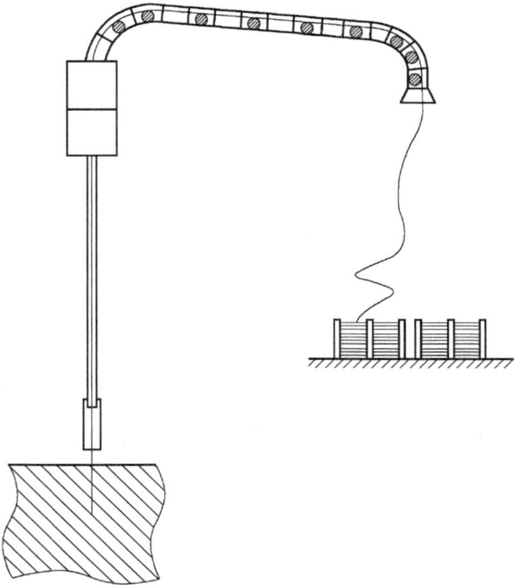

图 6-26 Affival 公司喂丝系统

2005 年，印度 Tata Steel 公司的 Sarbendu、Sanyal、Sanjay 和 Chandra 申请了美国专利，研制了一种在钢液中喂包芯线的工艺。该专利采用大直径（ϕ16mm、ϕ18mm）、厚钢带包芯线。这项技术属于表面喂丝。

国外钙包芯线喂丝设备的特点是，采用单流喂丝机或矫直装置，单丝喂丝枪。

国内钙包芯线喂丝处理大致可以分为四类：无冷导丝管、气冷导丝管、水冷导丝管和防黏渣改进型水冷导丝管。

无冷导丝管的典型结构如图 6-27 所示。

气冷导丝管的典型结构如图 6-28、图 6-29 所示。由图可见，气冷导丝管增加了更多的气冷入口，能有效地降低导丝过程中的摩擦热度，提升钙包芯线加入钢液中的深度。

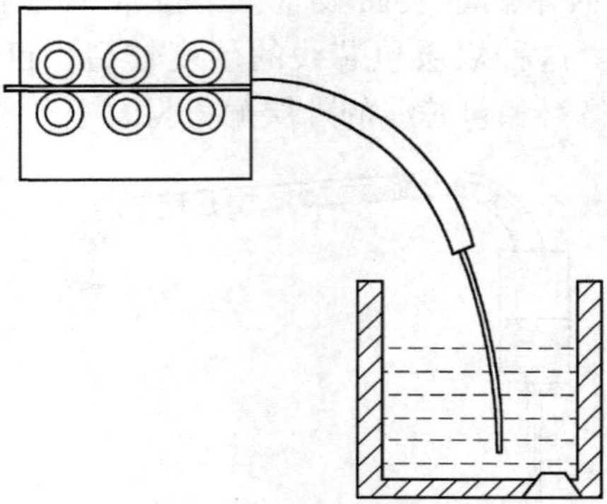

图 6-27 无冷导丝管（2007 年）

图 6-28 气冷导丝管（2008 年）

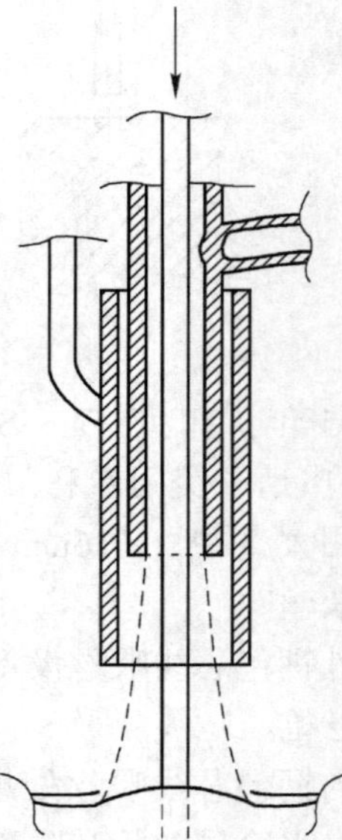

图 6-29 气冷导丝管（2001 年）

水冷导丝管的典型结构如图 6-30、图 6-31 所示。

防黏渣改进型水冷导丝管的典型结构如图 6-32 所示。

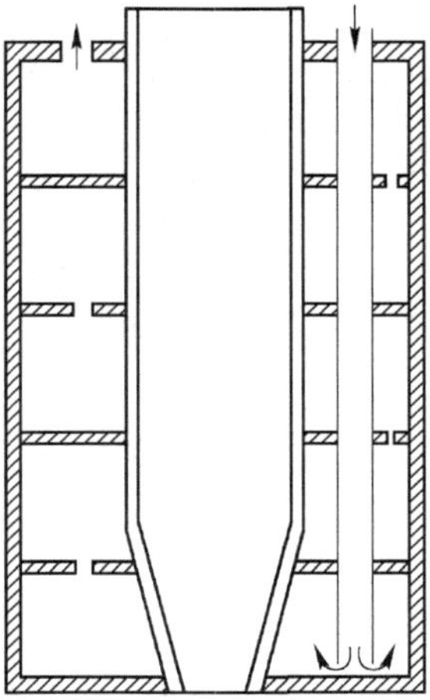
图 6-30 水冷导丝管（2004 年）

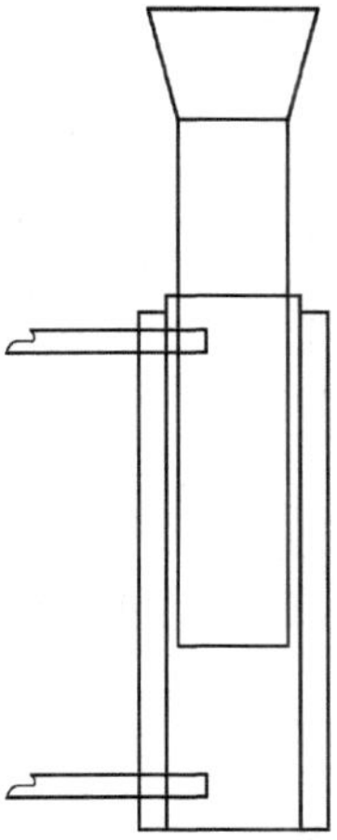
图 6-31 水冷导丝管（2009 年）

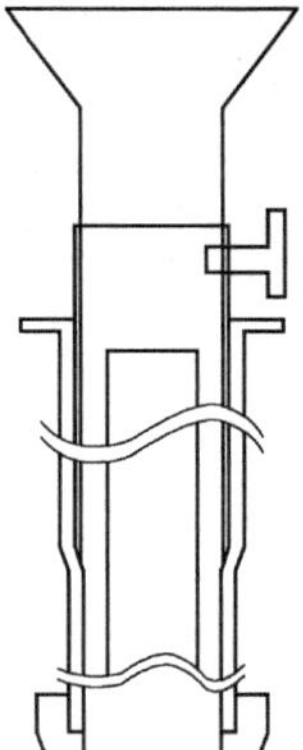
图 6-32 防黏渣改进型水冷导丝管（2010 年）

就以上四类喂丝方法而言，国内在喂丝机和固定导丝管之间没有密封装置，如图 6-33 所示。喂丝轮为圆柱面齿轮，还停留在表面喂入阶段。喂丝机有单流、双流和四流等形式，由于是表面喂入，几根丝可以共用一根导丝管。

图 6-33　喂丝机与固定导丝管之间的连接

2007 年，美国密执安特种矿石公司［Specialty Minerals(Michigan)］Colavito、Dominick M. 和 Damiano 等人申请了美国专利，研制了一种旋转喂丝枪，如图 6-34 所示。该专利在导丝管外套装可升降和旋转的喂丝枪，二者之间采用密封函密封，钙液在钢液中的混合更均匀。这就是第二代内部喂丝技术。

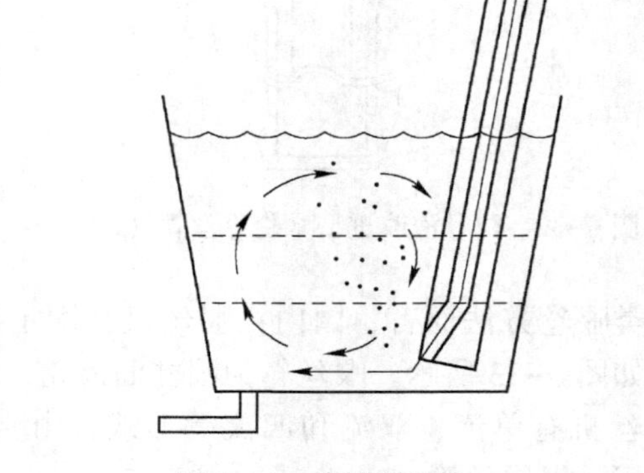

图 6-34　旋转喂丝枪

现在，以美国 Pfizer 公司密封技术为基础的第二代内部喂丝技术基本成熟。但钙丝对喷嘴的磨损会改变通道的截面形状，影响枪的特性，因此，目前的研究主要集中在提高枪头喷嘴材料的耐磨性上。

现在进入我国钙丝市场的美国珉泰克公司（MINTEC, INC.）与美国 Pfizer 公司有些关联。

6.5.2 气体旋流喂丝枪

美国的第二代喂丝枪也是有些不足的，如压缩空气驱动的活塞气缸装置结构复杂，限制了喂丝速度，增加了喂丝阻力，喷嘴磨损后枪的特性发生变化以及氩气直喷造成液面波动等。

法国的双层包芯线技术需对钙包芯线厂进行改造。

印度的大直径钙包芯线技术，钙收得率受喂丝参数影响较大。

气体旋流喂丝枪是将气道与丝道分开、合理组织气体流动使钢液旋流、直接套装在固定导丝管外的新型喂丝枪。实验数据显示，使用气体旋流喂丝枪，钙收得率达到 30%以上。

6.5.2.1 气体旋流喂丝枪的结构

气体旋流喂丝枪主要由固定导丝管 1、气流稳压箱 2、进气管 3、内管 4、外管 5、中空结构的旋流喷气头 6 以及耐火材料层 7 组成，如图 6-35 所示。喂丝枪可相对于固定导丝管 1 整体上下移动。内管 4 和外管 5 依次套装在喂丝机的固定导丝管 1 外周。气流稳压箱 2 设置在内管 4 与外管 5 形成的环形通道顶部入口处，并通过密封焊接的方式与内管 4 和外管 5 固定连接，在气流稳压箱 2 的一侧安装有进气管接头 3。外管 5 浇注耐火材料的部分需加工成螺纹管。旋流喷气头 6 设置在内管 4 与外管 5 形成的环形通道底部出口处，它由呈旋转陀螺体形的喷头内芯和与其形状相匹配的喷头外套组合而成，如图 6-36 所示。

喷头内芯焊接固定在内管 4 的底部，其上开设有与内管 4 相连的中空内腔（见图 6-36 中的 3）。喷头外套焊接固定在外管 5 的底部。在喷头内芯与喷头外套的配合面之间开设有沿周向均匀分布的螺旋喷气通道，如图 6-37 所示。螺旋喷气通道开设在喷头内芯的旋转曲面上，喷头内芯下端与螺旋喷气通道出口相交的外圆被切除的弧长占其圆周长的 30%～100%。气体旋流喂丝枪的型号以被切除弧长的百分比定义，如 90%为 90 型。

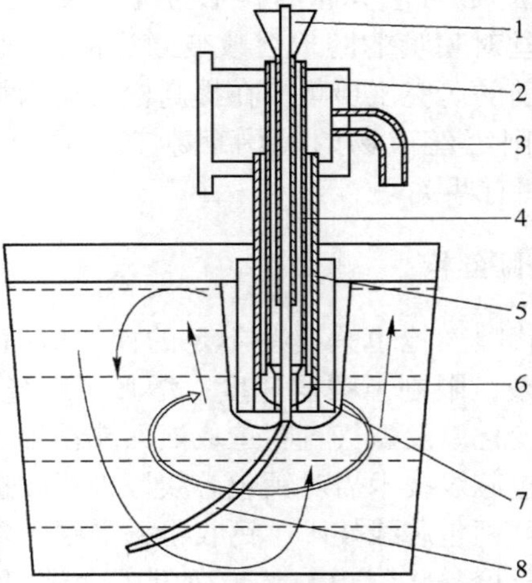

图 6-35　气体旋流喂丝枪结构

1—固定导丝管；2—气体稳压箱；3—进气管；4—内管；
5—外管；6—喷头；7—耐火材料层；8—包芯线

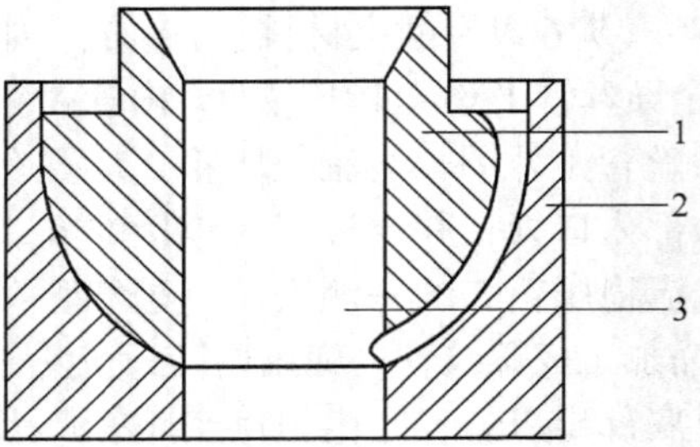

图 6-36　旋流喷气头

1—内芯；2—外套；3—内腔

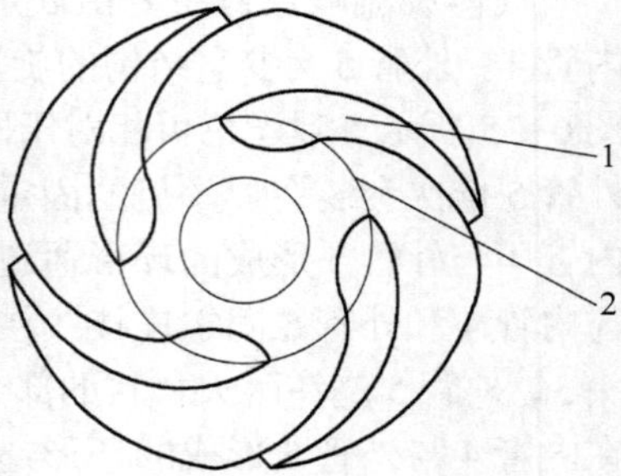

图 6-37　螺旋喷气通道

1—喷气通道；2—外圆

6.5.2.2　气体旋流喂丝枪的工作原理

气体旋流喂丝枪工作时，整个枪体可以沿固定的导丝管 1 做上下移动，以便插入钢液下面或离开液面。来自喂丝机的包芯线 8 在固定导丝管 1 的引导下沿内管 4、喷头内芯的中空内腔和喷头外套的下端内孔穿出。与此同时，具有一定压力的氩气从进气管接头 3 进入气流稳压箱 2，穿过内管 4 与外管 5 之间的环形通道，经螺旋喷气通道加速后喷出，形成气体旋流。当枪头在液面上方时，气体旋流的下方形成低温区；当枪头接近液面时，气体旋流推动保护渣旋转形成旋涡，如图 6-38 所示。

图 6-38　液面旋涡（水模拟，录像截屏）

当枪头进一步下降时，上层钢液向枪体汇合，枪头附近的钢液仍然在气体旋流推动下旋转，形成气囊，如图 6-39、图 6-40 所示。由图可见钙包芯线被碾压后的圆度对气囊形状有影响。

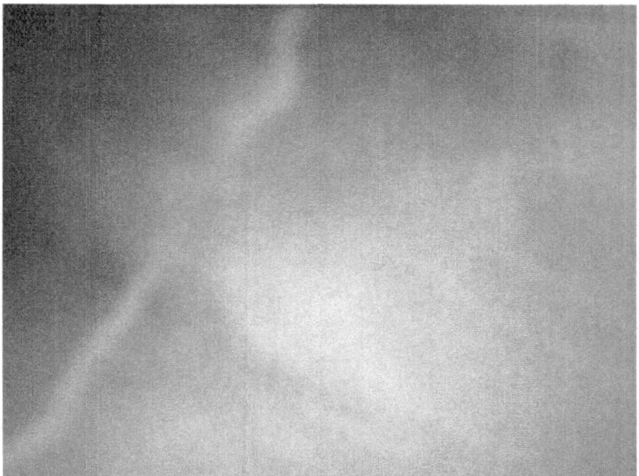

图 6-39　液体中的气囊（水模拟，插入 ϕ13mm 圆丝）

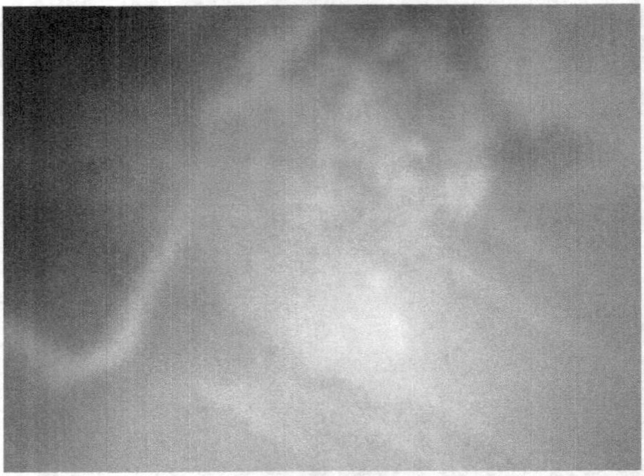

图 6-40　液体中的气囊（水模拟，插入被碾压后的 ϕ13mm 扁丝）

由于流动，气囊中的气体温度仍然较低。气囊外层气体切向发散沿耐火材料层 7 向上溢出。气囊内层气体则通过喷头内芯的中空内腔进入内管 4 和导丝管 1 中，并环绕包芯线 8 的外壁向上溢出，隔离空气和钢液。包芯线 8 从气囊中穿过，进入钢液中熔化。

沿耐火材料层 7 向上溢出的气流带动钢液环流，见图 6-35 中的单线箭头。旋转的气囊带动钢液旋流，见图 6-35 中的双线箭头。环流和旋流使液态钙在钢液中均匀混合。

这种流动在水模拟实验中，通过白色棉纱线的运动和形状改变可以观察到，如图 6-41、图 6-42 所示。图 6-42 在图 6-41 后 1s 左右截屏。

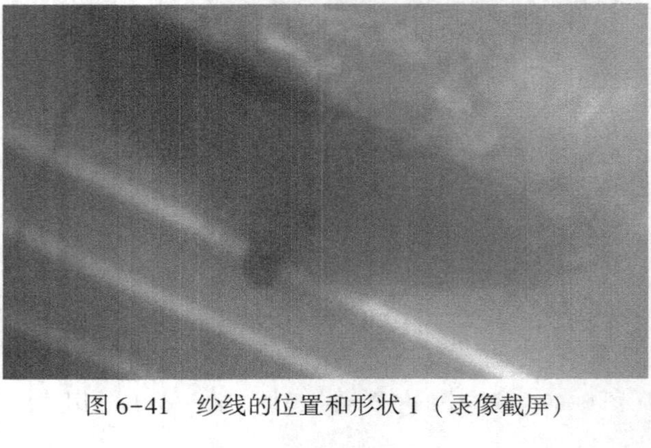

图 6-41　纱线的位置和形状 1（录像截屏）

图 6-42 纱线的位置和形状 2（录像截屏）

气体旋流喂丝枪的特征曲线如图 6-43 所示。横坐标是进口表压力。左侧纵坐标是枪头出口表压力及对应的能够进入钢液的临界深度。临界深度随进口表压力增加而增加。当进口表压力增加到 0.3875MPa 以上后，枪头的出口压力在 0.13MPa 左右保持不变，对

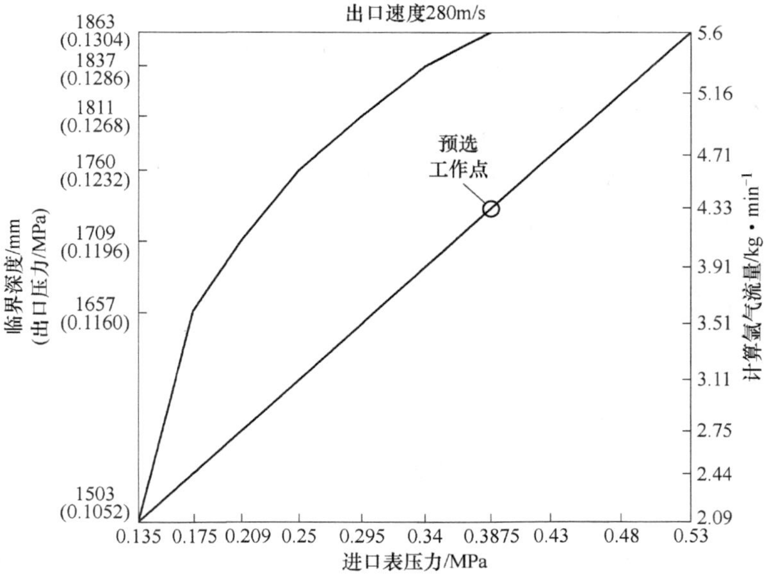

图 6-43 气体旋流喂丝枪的特征曲线

应的钢液深度为1.863m。右侧纵坐标是氩气流量，与进口表压力成直线关系。氩气出口速度为280m/s。

6.5.3 钙包芯线种类对效益与钙收得率的影响

自第二代喂丝技术问世以来，硅钙线、钙铁线在精炼钢上的收得率似乎达到了峰值不能再提高。近5年以来，国外采用的无缝纯钙包芯线是为了满足活塞气缸密封需要而开发的，在不需要活塞气缸密封的喂丝系统中，其钙收得率与国内普通纯钙线的钙收得率不会有太大差别。但目前国内外已经逐步加大了采用纯钙包芯线精炼喂丝技术的研究，从经济效益和收得率来看，纯钙包芯线有替代硅钙线、钙铁线等合金类钙包芯线的发展趋势。

2010年，我国钢铁产量达到了6.27亿吨，按照钢铁总量的30%计算精炼钢产量，合计有2亿吨左右的精炼钢需要经过喂丝钙工艺进行技术处理。当时，国内喂丝工艺的钙收得率仅为12%左右。其使用的无缝纯钙包芯线、纯钙包芯线、硅钙线和钙铁线等合金包芯线的价格存在很大的差别：

国外进口无缝纯钙包芯线的国内售价每吨在3万元以上，价格高时达到每吨7万元左右。16元购买使用国外进口无缝纯钙包芯线（ϕ9mm，钢带厚0.64mm），钙质量不低于72.5g/m，钢带质量不低于131g/m，钙收得率达到30.9%即能满足要求。

国内普通纯钙线的国内售价每吨在1.8万元左右，价格高时达到每吨3万元左右。16元购买使用国内纯钙线（ϕ13mm，钢带厚0.4mm），钙质量不低于181.1g/m，钢带质量不低于186.7g/m，钙收得率达到9.5%即能满足要求。

国内硅钙线和钙铁线的国内售价每吨在9200~9600元，价格高时达到每吨16000~18000元。按钙收得率12%左右计算，钙喂入量为0.21kg/t左右，按CaSi线（ϕ13mm，钢带厚0.34mm）Ca含量28%，芯粉质量不低于220g/m，折合CaSi线用量为3.4m/t（1.29kg/t，16元/t）。

由上可见，喂入无缝纯钙包芯线、纯钙包芯线、硅钙线和钙铁线等合金包芯线，钙收得率与包芯线中钙的质量分数并不是倍增关系。

“十二五”以来，我国钢铁产量持续蝉联全球第一位。随着国际钢铁价格的逐年下滑，无缝钙包芯线因售价较高，逐渐被国产纯钙包芯线所替代。

随着纯钙包芯线的技术发展和精炼钢生产实效的验证，国产纯钙包芯线似有取代部分硅钙线和钙铁线等合金产品的趋势。以国内某钢厂生产数据为证，钙铁线每卷2000m，能用2.5炉，纯钙线每卷4000m，能用9炉，工作现场更换包芯线卷的劳动强度大大降低。包芯线理化指标见表6-9。

表6-9　包芯线理化指标

类别	$w(\mathrm{Ca})/\%$	直径/mm	钙芯线重/$\mathrm{g \cdot m^{-1}}$
纯钙线	≥95	9±0.3	≥67
硅钙线	≥28	13.0~13.8	≥220
钙铁线	≥30	13.0~13.8	≥250

通过在SPHC钢中替代应用对比实验发现，纯钙线的收得率为20%，比钙铁线提高约10%，节约成本为7元/吨。纯钙线替代钙铁线使用效果见表6-10。

表6-10　纯钙线替代钙铁线使用效果

类别	炉数	喂丝量/m	钙含量（$\times10^{-6}$）	钙元素吸收率/%	成本/元·$\mathrm{t^{-1}}$
纯钙线	50	505	20	20.2	7.88
钙铁线	50	910	19	10.4	14.88

通过在SS400钢中替代应用对比实验发现，纯钙线的收得率平均为27%，比硅钙线提高约13%，节约成本为2元/吨。纯钙线替代硅钙线使用效果见表6-11。

表6-11　纯钙线替代硅钙线使用效果

类别	炉数	喂丝量/m	钙含量（$\times10^{-6}$）	钙元素吸收率/%	成本/元·$\mathrm{t^{-1}}$
纯钙线	50	305	20	27	4.8
硅钙线	50	410	21	14	6.78

2016年，我国钢铁产量为8.08亿吨，同比增长1.2%。按照钢铁总量的30%计算精炼钢产量，合计有2.4亿吨左右的精炼钢需要经过喂丝钙工艺进行技术处理。纯钙包芯线生产技术也由5年前的咬口式包芯线逐渐发展成为焊接式无缝包芯线及椭圆包芯线等产品，有效地提升了产品的加工技术，减少了金属钙的损耗，促进纯钙包芯线在精炼钢中的收得率由12%上升到了30%。按精炼钢喂丝用钙量0.5‰核算，若是国内精炼钢产品全部使用纯钙包芯线，仅精炼钢用金属钙的年需求量就在12万吨左右。

7 钙的相关标准与分析方法

7.1 电解钙的标准

《金属钙及其制品》（GB/T 4864—2008）由中华人民共和国国家质量监督检验检疫总局、中国国家标准化管理委员会于2008年7月2日发布，2009年4月1日实施。它是以电解法工艺生产为基础来制定的，是对GB/T 4864—1985进行的第三次修订。

2008年3月25日，由全国核能标准化技术委员会主持召开的《金属钙及其制品》国家标准修订审查会暨第三次国家标准修订的审议会议在北京举行。国家标准化委员会轻金属标准委专家及部分金属生产加工企业代表参加。作者作为还原钙生产企业代表参加了审议工作。

第三次国家标准修订审查会针对熔盐电解蒸馏法制得的金属钙锭及经机械加工而成的钙制品新标准进行了审议。从规范金属钙行业发展来讲，这次会议有效地促进了电解法金属钙由军用产品转型为民用产品的工业化进程。此次标准的修订，提高了金属钙的活性和质量，将钙产品原有牌号改用钙含量标示，降低了杂质含量的界定。

7.1.1 金属钙及其制品的相关标准规定

GB/T 4864—2008 规定了金属钙及其制品的订货内容、尺寸、外形、技术要求、试验方法、检验规则、包装、标志、运输、贮存及质量证明书等。

标准中所说的活性钙是指金属钙及其制品与水作用过程中，能够释放氢气部分的钙。

7.1.1.1 订货内容

按照标准订货的合同应包含产品名称、牌号、标准号、规格、重量和/或数量、由供需双方协商并在合同中注明的项目或指标（如未注明时则由供方选择）、需方提出的其他特殊要求（如特殊规格要求、特殊化学成分要求）等内容。

7.1.1.2 尺寸与外形

金属钙及其制品的尺寸与形状应符合表 7-1 的规定。

表 7-1 金属钙及其制品的尺寸与外形状

产品名称	产品外形	规格
钙锭	为圆柱体，一端面凹陷，另一端面为平面	有两种规格：(1) 外径 (395±5)mm，长 (710±30)mm，75~100kg；(2) 外径 (340±5)mm，长 (680±30)mm，60~75kg
钙屑	呈弯曲状	长 10~150mm，宽 5~14mm，厚 1~10mm
钙块	呈不规则状	有两种规格（边长）：30~80mm，50~200mm
钙粒	呈不规则球状	粒径不大于 7mm

7.1.1.3 技术要求

A 产品牌号和化学成分

金属钙产品牌号及其化学成分应符合表 7-2 所示的规定。

表 7-2 金属钙产品的牌号和化学成分（质量分数） %

牌号	Ca(不小于)	活性钙(不小于)	杂质元素含量（不大于）								
			Cl	N	Mg	Cu	Ni	Mn	Si	Fe	Al
Ca99.99	99.99	99.00	0.005	0.0015	0.0005	0.0005	0.0005	0.0005	0.0005	0.0005	0.0005
Ca99.90	99.90	98.50	0.07	0.01	0.02	0.005	0.001	0.001	0.001	0.001	0.001
Ca99.50	99.50	98.00	0.20	0.05	0.10	0.03	0.003	0.008	0.008	0.02	0.008
Ca99.00	99.00	97.50	0.35	0.10	0.30	0.08	0.004	0.02	0.01	0.04	0.01

注：钙含量为 100%减去表列杂质元素含量总和之差。

随着金属钙生产工艺技术的不断改进，产品质量逐步提高，电解蒸馏法生产的金属钙及其制品的钙含量均在 99.00%以上（见表 7-2）。为了能够使用户直观的了解各牌号产品质量，标准中钙产品的牌号以钙含量标示。

由表 7-2 可以看出，在《金属钙及其制品》中增加了活性钙的数值控制。

金属钙产品一次蒸馏质量状况统计表见表 7-3，金属钙产品二次蒸馏质量状况统计表见表 7-4。

表 7-3 金属钙产品一次蒸馏质量状况统计表（2016 年） %

元素	总 Ca	活 Ca	Cl	Cu	N	Mg
数据范围	98.50~99.80	99.50~99.90	0.025~0.15	0.002~0.05	0.005~0.045	0.002~0.015
元素	Mn	Fe	Al	Ni	Si	
数据范围	<0.002	0.002~0.019	<0.001	<0.002	0.002~0.003	

表 7-4 金属钙产品二次蒸馏质量状况统计表（2016 年） %

元素	Ca	Cl	Cu	N	Mg
数据范围	99.85~99.95	0.02~0.055	<0.002	0.005~0.02	0.002~0.01
元素	Mn	Fe	Al	Ni	Si
数据范围	<0.001	<0.001	<0.001	<0.001	<0.002

杂质元素含量控制具体说明如下：

（1）氯含量。电解蒸馏法金属钙生产工艺，氯根是主要杂质元素，我国及俄罗斯军用标准中要求氯根按小于 0.5%控制。多年来，国内外用户对氯根含量一直没有要求，并且对所提供的产品未提出异议。目前，国内生产厂家一次蒸馏产品中氯根含量在 0.025%~0.15%之间波动，二次蒸馏产品氯根含量在 0.02%~0.055%之间波动。因此，在满足用户要求的基础上，GB/T 4864—2008 适当放宽了氯根含量要求。GB/T 4864—2008 对氯根含量的控制见表 7-2，Ca 99.00 为 0.35%、Ca 99.50 为 0.20%、Ca 99.90 为 0.07%、Ca 99.99 为 0.005%。

（2）氮含量。金属钙为活泼性金属，高温下接触空气极易生成氮化物，也容易引入产品中。国内生产厂家一次蒸馏产品中氮含量在 0.005%~0.045%之间波动，二次蒸馏产品中氮含量在 0.005%~0.02%之间波动。GB/T 4864—2008 对氮含量的控制见表 7-2，Ca 99.00 为 0.10%、Ca 99.50 为 0.05%、Ca 99.90 为 0.01%、Ca 99.99

为 0.0015%。

（3）镁含量。国内生产厂家一次蒸馏产品中镁含量在 0.002%～0.015%之间波动，二次蒸馏产品中氮含量在 0.002%～0.01%之间波动。GB/T 4864—2008 对镁含量的控制见表 7-2，Ca 99.00 为 0.30%、Ca 99.50 为 0.10%、Ca 99.90 为 0.02%、Ca 99.99 为 0.0005%。

（4）铜含量。电解蒸馏法金属钙生产工艺，铜含量相对比较高。生产厂家一次蒸馏产品中铜含量在 0.002%～0.05%之间波动，二次蒸馏产品中铜含量小于 0.002%。GB/T 4864—2008 对铜含量的控制见表 7-2，Ca 99.00 为 0.08%、Ca 99.50 为 0.03%、Ca 99.90 为 0.005%、Ca 99.99 为 0.0005%。

（5）镍含量。电解蒸馏法金属钙生产工艺，镍含量相对比较低。生产厂家一次蒸馏产品中镍含量小于 0.002%，二次蒸馏产品中镍含量小于 0.001%。GB/T 4864—2008 对镍含量的控制见表 7-2，Ca 99.00 为 0.004%、Ca 99.50 为 0.003%、Ca 99.90 为 0.001%、Ca 99.99 为 0.0005%。

（6）锰含量。电解蒸馏法金属钙生产工艺，锰含量相对比较稳定。生产厂家一次蒸馏产品中锰含量小于 0.002%，二次蒸馏产品中锰含量小于 0.001%。GB/T 4864—2008 对锰含量的控制见表 7-2，Ca 99.00 为 0.02%、Ca 99.50 为 0.008%、Ca 99.90 为 0.001%、Ca 99.99 为 0.0005%。

（7）硅含量。电解蒸馏法金属钙生产工艺，硅含量相对比较稳定。生产厂家一次蒸馏产品中硅含量在 0.002%～0.003%，二次蒸馏产品中硅含量小于 0.002%。GB/T 4864—2008 对硅含量的控制见表 7-2，Ca 99.00 为 0.01%、Ca 99.50 为 0.008%、Ca 99.90 为 0.001%、Ca 99.99 为 0.0005%。

（8）铁含量。电解蒸馏法金属钙生产工艺，铁含量比较稳定，但是在钙制品加工过程中，有可能引入铁杂质元素。生产厂家一次蒸馏产品中铁含量在 0.002%～0.019%，二次蒸馏产品中铁含量小于 0.001%。GB/T 4864—2008 对铁含量的控制见表 7-2，Ca 99.00 为 0.04%、Ca 99.50 为 0.02%、Ca 99.90 为 0.001%、Ca 99.99 为 0.0005%。

（9）铝含量。电解蒸馏法金属钙生产工艺，铝含量相对比较稳定。生产厂家一次蒸馏产品中铝含量小于0.001%，二次蒸馏产品中铝含量小于0.001%。GB/T 4864—2008对铝含量的控制见表7-2，Ca 99.00为0.01%、Ca 99.50为0.08%、Ca 99.90为0.001%、Ca 99.99为0.0005%。

B 表面质量

金属钙产品新截断面呈银白色金属光泽，产品不得有肉眼可见夹杂物，产品表面不得有油污。

7.1.1.4 试验方法

金属钙产品化学成分分析方法按GB/T 10267—2008进行。外观质量用目测检查，Ca99.99产品化学成分和活性钙分析方法依据本章7.3节或7.4节介绍的分析方法执行。

7.1.1.5 检验规则

（1）检查与验收。金属钙产品的质量由供方质量部门进行出厂检验。需方可对收到的产品进行检验，当检验结果与GB/T 4864—2008规定不符时，在收到产品之日起15个工作日内向供方提出，供需双方协商解决。

（2）组批规则。金属钙产品应成批提交验收，每批由同一牌号、同一规格、同一周期生产和加工的产品组成，每批净重不得超过30t。

（3）取样方法。

1）钙锭。在同一批产品中随机抽取一个，在其长度三等分线上各钻一个孔。钻头直径不大于10mm，钻孔深度不小于20mm（距表面3~5mm的钻屑弃去），取样量不少于50g。

2）钙块。在同一批产品中随机抽取一桶，从该桶中任取三块，在其表面中部钻孔取样，取样量不少于50g。

3）钙屑与钙粒。在同一批产品中随机抽取一桶，每桶取样量不少于50g。

（4）复验与判定规则。金属钙化学成分检验不合格时，则重新取双倍试样对不合格项目进行复验。如果仍有一个样品分析结果不合格，则该批产品为不合格。

7.1.1.6 包装、标志、运输、贮存和质量证明书

（1）包装。金属钙产品内包装均采用塑料袋充氩焊封包装，外包装用开口钢桶密封包装。

1）钙锭每桶净重 60~105kg。

2）钙屑每桶净重 80kg。

3）钙块每桶净重 100kg。

4）钙粒每桶净重 150kg。

需方对包装、净重有特殊要求时，由供需双方另行协商。供出口的金属钙制品，包装必须符合《国际海上危险货物运输规则》中的有关规定。经国家商检部门检验合格后，在包装上注明“UN 1401 CLASS4.3”的国际危规号，并加贴蓝色标签注明“DANGEROUS WHEN WET”及危险等级“4”的字样。

（2）标志。金属钙产品包装桶上应注明供方名称、产品名称、产品牌号、批号、毛重与净重、出厂日期、危险品及防水标志。

（3）运输。金属钙产品为二级遇水易燃危险品。运输过程中应防水、防火、防潮、不准倒放、不得剧烈碰撞，以免损坏包装。

（4）贮存。金属钙产品应存放在清洁、干燥和无腐蚀性物质的环境中，禁止露天存放。产品贮存保质期为 6 个月。

（5）质量证明书。金属钙产品由供方质量监督部门进行检验，保证其符合 GB/T 4864—2008 规定，并填写产品质量证明书，注明供方名称、产品名称、产品牌号、批号、件数、净重、各项分析检验结果、检验部门印记、标准编号及出厂日期。

7.1.2 钙合金产品的相关标准规定

7.1.2.1 硅钙合金

硅钙合金在炼钢时用作复合脱氧剂、合金元素添加剂，在铸铁生产中用作孕育剂。

硅钙合金呈块状供货，最大块重量不得超过 10kg，小于 15mm×15mm 的碎块，数量不得超过该批总量的 10%。

硅钙合金化学分析方法按 YB/T 5312—2016 至 YB/T 5317—2016 规定进行检测。硅钙合金按钙、硅及杂质含量的不同分为五个牌号，

成分应符合表 7-5 所示的规定。

表 7-5 硅钙合金的牌号及化学成分 %

牌号	化学成分（质量分数）								
	Ca	Si	C		Al	P	S	O	Ca+Si
			I	Ⅱ					
	不小于		不大于						不小于
Ca31Si60	31	58～65	0.5	0.8	1.4	0.04	0.05	2.5	90
Ca28Si60	28	58～65	0.5	0.8	1.4	0.04	0.05	2.5	90
Ca24Si60	24	58～65	0.5	0.8	1.4	0.04	0.04	2.5	90
Ca20Si55	20	55～60	0.5	0.8	1.4	0.04	0.04	2.5	—
Ca16Si55	16	55～60	0.5	0.8	1.4	0.04	0.04	2.5	—

7.1.2.2 硅钙钡铝合金

一般硅钙钡铝合金交货粒度为 10～100mm，其中小于 10mm 的不超过总量的 5%，大于 100mm 的不超过总量的 8%。硅钙钡铝合金表面洁净，不应有明显的非金属夹杂物。硅钙钡铝合金按硅、钙、钡、铝含量不同，分为三个牌号，其化学成分应符合表 7-6 所示的规定。

表 7-6 硅钙钡铝合金的牌号及化学成分 %

<table>
<tr><th rowspan="3">牌号</th><th colspan="8">化学成分（质量分数）</th><th rowspan="3">用途</th></tr>
<tr><th>Si</th><th>Ca</th><th>Ba</th><th>Al</th><th>Mn</th><th>C</th><th>P</th><th>S</th></tr>
<tr><th colspan="4">不小于</th><th colspan="4">不大于</th></tr>
<tr><td>Fe16AlBa9Ca12Si30</td><td>30.0</td><td>12.0</td><td rowspan="2">9.0</td><td>16.0</td><td rowspan="3">0.40</td><td rowspan="3">0.40</td><td rowspan="3">0.04</td><td rowspan="3">0.02</td><td rowspan="3">炼钢时用作脱氧剂、脱硫剂</td></tr>
<tr><td>FeAl12Ba9Ca9Si35</td><td>35.0</td><td>9.0</td><td>12.0</td></tr>
<tr><td>FeAl8Ba12Ca6Si40</td><td>40.0</td><td>6.0</td><td>12.0</td><td>8.0</td></tr>
</table>

7.1.2.3 钙-镍系贮氢合金

对于钙-镍体系，文献中的实验数据非常稀缺。钙-镍系贮氢合金一般应用于密封碱性电池。

表 7-7 所示为用于金属氢化物热泵的高温用和低温用 Ca-Ni-Mn-Al 系合金的贮氢特性。

表 7-7 高温用和低温用 Ca-Ni-Mn-Al 系合金的储氢特性

合 金	化学成分（质量分数）/%				吸氢量（35℃）/mL·g^{-1}	离解压力（35℃）/MPa	滞后系数	循环次数/次	生成热（1mol H_2）/kJ
	Ca	Ni	Mn	Al					
Ca-Ni-Mn-Al	9.10	85.1	5.00	0.79	200	0.10	0.07	$>10^4$	-32.76
Mn-Ni-Ca-Al	3.20	67.8	25.9	3.11	170	0.32	0.09	$>10^4$	-30.07

表 7-8 所示为已开发的主要的 Ca 系合金氢化物的特性比较。

表 7-8 Ca 系合金氢化物的特性比较

氢 化 物	氢含量/%	离解压力/MPa	生成热（1mol H_2）/kJ
CaNi5H4	1.2	0.04（30℃）	-33.6
Ca0.7Mn0.3Ni5-H	1.6	0.4（25℃）	-26.9
Ca0.5Mn0.5Ni4.5Cu0.5-H	1.5	3.0（96℃）	-30.7
Ca0.5Mn0.5Ni4.5Mg0.5-H	1.5	3.0（97℃）	-41.6
Ca0.5Mn0.5Ni4.5Al0.5-H	1.4	2.0（110℃）	-38.2
Ca0.5Mn0.5Ni4.5Co0.5-H	1.6	3.0（96℃）	-34.9
Ca0.5Mn0.5Ni5-H	1.4	3.0（80℃）	-50
Ca0.5La0.5Ni5-H	1.6	2.0（90℃）	-37.4
Ca0.7La0.3Ni5-H		0.1（25℃）	-31.1
Ca0.3La0.7Ni4.8Al0.2-H	1.2	0.2（25℃）	-31.1

7.2 还原钙的标准

我国金属钙工业由军工产品走向民用市场用了仅仅 15 年的时间，皮江法炼钙工艺从工业起步到如今的规模化工业生产也用了 15 年的时间。在这 15 年期间，工业总体产能规模呈现上升趋势，产品种类由最初的金属钙粗钙（钙锭）和基础加工产品（钙块、钙屑、钙粒）发展为钙棒、钙丝、钙合金等多类产品。钙丝延伸产品有纯钙包芯线、注射合金钙线、硅钙线、钙铁线等；钙合金延伸产品有钙铝合金、钙镁合金、钙镍合金、铅钙合金等。

受自然条件（地理环境、能源优势等）、工业基础、工艺条件多种因素的影响，还原钙工业已经凸显出其行业特点，即：我国由北向南、自西向东分为冶炼集聚区、初级产品加工集聚区、深加工产品集聚区和终端用户集聚区。

在国家标准的制定管理中，一类产品不能制定两个国家标准。北京事竟成有色金属研究所代表中国钙业理事促进会多次向国家标准化委员会轻金属标委会负责人汇报，说明还原钙冶炼企业和加工贸易企业在国内国际贸易中因标准问题遇到的阻碍，希望国家标准化委员会轻金属标委会给出指导意见。

2012 年 5 月，国家标准化委员会轻金属标委会有关负责人在北京事竟成有色金属研究所几位专家的陪同下，赶赴山西省长治市屯留彬烨钙合金工贸有限公司还原钙冶炼基地进行实地考察调研。在严格遵循标准制定原则的基础上，经过对企业现场观摩、生产流程了解、工业数据核查、企业负责人介绍和行业现状分析，国家标准化委员会轻金属标委会负责人确定以冶炼工艺、工业流程、技术条件、产品特性和消费群体为突破口，由北京事竟成有色金属研究所联合钙行业企业，启动还原钙及其制品的行业标准制定工作。

还原钙行业标准制定工作的发起，源于钙行业两家企业的外贸纠纷。主要原因是还原钙受工艺条件等诸多因素控制，还原钙无法达到已有电解钙国家标准的要求，造成百万元以上的贸易合同赔偿。北京事竟成有色金属研究所响应还原钙企业诉求，在国家标准化委员会轻金属标委会的支持下，积极推进还原钙行业标准制定。但由于我国还原钙冶炼和加工企业仍处于初级竞争阶段，思想认识不够，因此，关于还原钙行业标准制定的工作收不到成效，不得不暂时停止。

以下是还原钙行业的技术现状，产品检测数据及在线监测的有关情况，仅供各企业制定生产标准时参考。

7.2.1 还原钙产业规模逐年增大

2000 年，我国有色金属工业开始崛起。自 2001 年开始，乐山市双安钙业有限公司、山西银光镁业集团（旗下山西银光华盛镁业股份有限公司和闻喜县银光征帆镁业有限责任公司）、武乡兴源钙业有限公司（原武乡县任兴镁业有限公司）、山西晋王镁业有限公司、山西富瑞德国际贸易有限公司（吕梁市交口钙冶炼生产基地）、屯留县彬烨钙合金工贸有限公司（含屯留县兴旺彬烨钙合金工贸有限公司）等企业先后进入还原钙冶炼生产领域，开始了皮江法炼钙工业生产的探究之路。

截至 2006 年 7 月 1 日，首届全国金属钙工业年会在北京召开时，全国从事还原钙冶炼的企业多达 20 余家，但还原钙的年产量仅为 3000t。到 2010 年，我国还原钙的年产量达到 4 万吨，而从事还原钙冶炼的企业数量减少为 7 家，还原钙冶炼企业的年产能总量达到了 6 万吨。

从还原钙冶炼的原始状态到 2015 年，还原钙的生产以每年 15% 的速度不断增加。今天的还原钙，已经不仅仅是炉外精炼钢的“补钙”佳品，还是全世界金属材料的重要组成部分。

7.2.2 还原钙技术与质量不断进步

电解钙产品的质量毋庸置疑，行业认知度较高。还原钙的工艺技术虽然不断升级发展，但在应用领域中只有短短 10 年多的时间，还不能证明生产企业对这一技术已经全面掌握，既需要行业专家的积极推进，也需要企业在工业生产中的自主创新。最初，还原钙需要依照电解钙和危化品管理要求进行冶炼生产、快速储存、运输和使用。现在，还原粗（钙锭）完全可以在自然状态下进行冶炼生产、入库储存、裸露运输。当然，还是要对自然天气进行预测，避免在运输过程中遇到降雨和水的干扰。

图 7-1 和图 7-2 所示为山西某还原钙冶炼企业选用优质钙屑进行检测的两组报告。可以看出还原钙的平均纯度达到了 99.5 以上，相关杂质含量不影响客户的要求。

7.2.3 自动化炼钙技术不断升级

还原钙的冶炼工序较为复杂，除对原材料有严格的要求外，完成整个冶炼生产工艺还需要对炉窑进行设备管理维护。还原钙冶炼

检 测 报 告

报告编号：11W52　　　　第1页 共1页

送样单位	某还原钙冶炼企业		样品名称	金属钙		测试环境		温度	18℃		
			检测类别	委托检测				湿度RH	35%		
收样日期	2011.4.27	报出日期	2011.5.5	检测使用主要仪器		721分光光度计					
样品特性	屑	样品数量	1个			WFX-310原子吸收分光光度计					
检测依据	GB/T10267-1998 GB/T10267-2008										
序号	分析编号	送样编号	分析项目及结果ω（B）/10^{-2}								
			Si	Fe	Ni	Mn	Mg	Al	Cu	N	Ca
1	11W252-001	1#	0.0080	0.0011	0.0036	0.030	0.27	0.074	0.0056	0.023	99.59

图 7-1　还原钙检测报告 1

检 测 报 告

报告编号：11W220　　　　第1页 共1页

送样单位	某还原钙冶炼企业		样品名称	金属钙		测试环境		温度	20℃		
			检测类别	委托检测				湿度RH	30%		
收样日期	2011.4.18	报出日期	2011.4.22	检测使用主要仪器		721分光光度计					
样品特性	屑	样品数量	1个			WFX-310原子吸收分光光度计					
检测依据	GB/T10267-1998 GB/T10267-2008										
序号	分析编号	送样编号	分析项目及结果ω（B）/10^{-2}								
			Si	Fe	Ni	Mn	Mg	Al	Cu	N	Ca
1	11W220-001	1#	0.0031	0.0015	0.0001	0.018	0.081	0.40	0.0046	0.006	99.49

图 7-2　还原钙检测报告 2

企业仅在温度控制、电蒸馏系统、真空泵系统上采用数据管控，整体工艺流程还是依靠人工完成，劳动强度较大。在线监测和自动化炼钙工艺的早日实现，是降低工人劳动强度，预防和较少生产事故必然的选择。否则，还原钙产业永远无法实现标准化的生产管理。

2016 年年底，国内某还原钙企业，在竖罐炼镁技术的基础上，率先完成了竖罐炼钙试验生产线建设。2017 年 2 月 28 日，作者陪同业界两位专家考察了这条生产线。在一间全密闭钢结构车间里，竖罐炼钙生产系统占据了一半的面积，整套竖罐炼钙工艺采用上端入料、上端出钙、中部加温、下端出渣的工艺。从上端看，这套竖罐炼钙生产系统横向 14 排，每排有 8 个竖罐，共计 112 只竖罐生产线。竖罐外管高度 3900mm，外管内径 450mm，内管有三种直径，分别是 339mm、290mm 和 280mm。截至作者修稿时，竖罐炼钙生产系统已经能够生产出金属钙产品，但只能达到 6 炉出 2 炉产品的效果，4 炉既不能出产品，也不能除渣。

作者在与北京科技大学冶金与生态工程学院的几位轻金属专家交流时提到了该企业遇到的困难，并电话告知了企业一方，希望双方可以深入沟通，使企业在技术团队的指导下，尽快推进竖罐炼钙生产系统的顺利生产。这套竖罐炼钙生产系统的早日投产，将是国内乃至全世界真空炼钙技术的又一次里程碑。

7.2.4 钙铝合金常规产品的质量标准

钙铝合金常规产品的质量标准见表7–9。

表7–9 钙铝合金常规产品质量标准 %

元素	Ca	Al	杂质			
			Si	Mn	Mg	Fe
含量	60~80	余量	≤0.01	≤0.01	≤0.1	≤0.15

注：钙铝合金含量为100%减去杂质含量之差。

钙铝合金为一级遇水燃烧物品，按照规定，金属钙的合金在生产、储存、运输等环节必须切实做到防火防潮，不能发生剧烈碰撞，并有“防火、防潮、防震”等明显标志。

在钙铝合金生产过程中产生的钙铝合金块、合金渣料要及时放入钢制桶内，用盖子密封，冲氩气保护，不得裸露存放。合金渣不得超过规定的数量，即120kg/天，并及时转移到干燥场所。

7.3 高速分析法

从老一辈化学分析工作者提出“高速分析”理论和一系列检测方法，至今已有半个多世纪。实践证明，高速分析理论和方法具有快、准、简、廉等优点，是特别符合我国国情的分析理论和方法。在生产实践中，高速分析法已经产生了巨大的经济效益和社会效益。

7.3.1 高速分析法与常规分析法的比较

高速分析法与常规分析法的主要区别是：在保证分析结果准确度的前提下，高速分析法强调时间概念，突出一个“快”字，简化操作手续，提高分析速度。

7.3.1.1 速度比较

分析速度进入“秒”领域的高速分析，其实质是在短时间里观察物质相互间的作用或反应的特性与规律，并以其特有规律制定出的一系列独特的定量分析方法。

在化学分析中，简单的离子反应速度快，几乎是在反应物相遇的瞬间发生并完成。但如果反应发生是靠电子的重新分配，如氧化还原反应，虽是离子反应，速度也不见得很快。何况在化学分析中应用的一些显色反应的反应机理十分复杂。如果各种形式的化合物之间还有转化现象，那么反应过程就会更长。

依据反应的进程，整个反应过程可以分为孕育阶段、开始反应阶段、快速反应阶段、后期反应四个阶段。在进行常规分析时，要等到反应终了后才读取数据，并要求反应该数据的结果保持较长时间的稳定。而高速分析则在反应的中途，只要其有一个短暂的稳定阶段即可截取数据，缩短分析时间。因为定量分析中的大多数方法从性质上讲是一种相对比较法，是用试样的分析数据与标准样品的分析数据进行比较而得出结果的，并非是分析数据绝对值的测定。因此在分析过程中只要保证试样与标样的处理条件相同，那么在反应中进行定时瞬间处理所得到的分析结果的准确度就有保证，而不必等待反应进行完全再取结果。

高速分析法与常规分析法的分析时间比较见表 7-10。

表 7-10　高速分析法与常规分析法的分析时间比较

类别	测定元素或成分	用人	分析时间/min	
			常规分析	高速分析
生铁	Cr、Mn、Ni、Si、P、Mo	3	80	18
普通钢	Cr、Mn、Ni、Si、P	3	80	20
不锈钢	Cr、Mn、Ni、Si、Ti、V、Mo	3	90	20
铝合金	Si、Fe、Cu、Mn、Ni、Mg、Zn	3	180	20
纯铝	Si、Fe、Cu	3	60	18
纯锌	Cu、Al、Cd、Fe	3	60	15
镁合金	Si、Fe、Mn、Cu、Al、Zn	3	80	18
铜合金	Cu、Pb、Zn、Al、Mn、Fe、Ni、Sn、P、Si	3	240	25
锌合金	Ca、Fe、Al、Pb、Cd	3	200	25

续表 7-10

类别	测定元素或成分	用人	分析时间/min	
			常规分析	高速分析
铬钢	Mo、Cu、V、Mn、Cr、Si、Ni	3	190	25
金属钙	Ca	1	240	60
磷铁	P	1	240	120
硅铁	Si	1	380	60
锰铁	Mn	1	65	50
石灰	CaO	1	240	30
纯镁	Mg	1	200	35

7.3.1.2 误差比较

大家都知道，分析方法的准确度以误差来衡量。取得分析结果的数据要经过一系列的分析步骤，其中每一步操作所产生的误差都会反映到分析结果中。一个方法的步骤越多，产生误差的机会就越多，分析结果的准确就越难保证。如重量分析方法，每个分析结果的得到都要经过沉淀、过滤、洗涤、灼烧等步骤，任何一个工序都会给分析结果带来误差。相比之下，高速分析法极为简便，几步手续即可得出结果，这样就使分析过程中产生误差的机会大大减少，分析结果的准确度较易得到保证。

7.3.1.3 经济效益比较

高速分析法手续简便，操作时间减少，自然也就提高了分析速度，达到了既准又快的要求。其所测得的结果，均能保证在一类或二类公差范围之内，所以在理化检测工作中占据十分重要地位。时间就是效益，无论在分析质量、分析速度还是在节省人力、物力和财力方面，高速分析法都具有相当的优势，备受广大化学分析工作者的欢迎。

7.3.2 高速分析法的现状与发展

从已经掌握的高速分析法来看，该方法的拟定是从现有的各种分析方法中进行筛选和改进，创造出独特的分析体系，是常规化学分析法和快速分析法发展的继续，因此有更高要求。相关人员要注意分析动态，及时发现新方法、新工艺、新试剂，掌握高速分析的方法和技巧。特别要注重由化学方法向物理方法转变的趋势，它将是高速分析的发展方向。

7.3.2.1 分析方法的改进

（1）对于难溶试样，如高合金钢、铁合金、矿石、硅酸盐原料等试样本，制备的样品的粒度要足够小、称样用量要少，溶解样品用预热的强酸更完全。

（2）用少量酸溶样处理，如在玻璃杯中用 HF 处理高硅试样制磷的方法中，称微量样品，用少量浓酸蒸干处理，短时间内，HF 对烧杯的侵蚀不大，60s 内完成检测。

（3）合并溶液，如测硅时，所使用的草酸、硫酸亚铁铵和水，在分析前进行准备工作时预先混合，同时一次加入，合并工序亦能有效地提高分析速度。

（4）预热酸溶解试样，如难溶的高铬钢，将其钢屑试样投放到正在发烟的热高氯酸中，并滴加 HF，立刻被溶完。实践证明：试样用预热的强酸溶解，其溶解速度要比将试样放到冷酸中再加热溶解时快得多。

（5）控制氧化时间，如钒铁中的钒、锰铁中的锰，就是利用控制反应时间的手段来达到十分合适的硝酸铵高速氧化的温度环境，所以在高速分析中很少有专门的控温工序，更不需要用温度计进行温度控制。当反应按高速分析操作规程进行到一定阶段时，体系就能达到所要求的温度。

7.3.2.2 新仪器的应用

近 20 年，仪器分析法发展很快，有力支撑和加快了高速分析的应用和发展。如碳硫仪利用高频电弧特殊的燃烧方式，使试样完全燃烧的时间缩短为几秒钟，能在约 45s 内准确报出碳、硫元素的测定结果。此外，还有能同时测多种元素的荧光光谱仪，利用电学和光学手段，测量出受测物质特征的物理数据，借以进行一些元素成分的定性和定量分析等高端仪器，这类仪器检测速度较快，准确度和灵敏度较高，自动化操作程度高，最适应生产过程中的控制分析。

由于操作中控制了秒钟化，因此高速分析法是一种在化学反应处于动态的瞬息中，能够恰到好处地利用足以表征物质含量的最精确条件，从而能够准确得出测定结果的定量分析法。

改革开放以来，我国社会经济结构已发生了质的变化，钢铁和有色金属冶金工业在国民经济中的支柱地位进一步彰显出“英雄”本色。然而在满足现代社会发展需求下，钢铁和有色金属冶金产品需调整结构，在理化检测工作中需推广应用高速分析法。在钢铁和有色金属冶金产品生产过程中，对其元素进行快速认定、对其产品质量进行评判、开发新品种以及大幅度提高生产效率和经济效益方面，高速分析法均是重要手段。深化高速分析方法的研究，并在工作实践中与时俱进、开拓创新，不断摸索总结出新的分析方法并及时推广，有着极其重要的意义。

7.4 EDTA 络合滴定法

金属钙产品在冶金、化工行业作为脱氧剂、脱硫剂、脱水剂等而被广泛应用。其中，应用较多的为精炼钢行业，钙元素可强效改善钢的质量，提高钢的机械性能。由于金属钙产品化学性质非常活泼，极易被氧化，因此生产中快速准确检测钙含量、控制产品质量尤为重要。

目前，钙含量的测定有 EDTA 络合滴定法、原子吸收分光光度法、原子吸收光谱法、分光光度法。采用原子吸收分光光度法来测定杂质总量后，用差减法求出钙的含量的方法（该方法适用于电解蒸馏法制备的金属钙中杂质测定），虽然结果可靠准确，但测定手续繁杂、成本高、对实验操作人员的技术要求高，在一般厂矿企业实验室难以推广采用。

根据钙产品中杂质含量少、容易掩蔽的特点，人们研究出一种准确、快速的测定方法，即用三乙醇胺和铜试剂来掩蔽铁、铝、锰、铜等干扰元素，在碱性（$pH>12$）溶液中，用 EDTA 标准溶液滴定测量钙含量。此法获得了满意的结果，其较传统方法影响因素少、稳定性好，能大大缩短检测时间，简化检测步骤，有效降低了检测成本，便于工厂推广使用（实用价值高）。

7.4.1 实验过程

7.4.1.1 主要试剂

（1）HCl：1+1、1+4。

（2）三乙醇胺溶液：1+1。

（3）KOH溶液：200g/L。

（4）硫酸镁：6g/L。

（5）钙指示剂：5g钙指示剂与95gNaCl研磨均匀后储于磨口瓶中。

（6）铜试剂：固体。

（7）氧化钙标准溶液：$C_1=0.1$mol/L；准确称取基准碳酸钙10.0000g于玻璃烧杯中，加少许水润湿，逐滴加入盐酸（1+4）50mL溶解至清亮后，煮沸除去二氧化碳，冷却后移入1000mL容量瓶中，以水定容。

（8）EDTA标准溶液：$C_2=0.1000$mol/L；称取37.225g基准EDTA用水加热溶解，在1000mL容量瓶中稀释定容。

EDTA标准溶液按如下方法标定：吸取20.00mL氧化钙标准溶液于300mL锥形瓶中，加70mL水、1mL 6g/L硫酸镁溶液、10mL 200g/L氢氧化钾溶液、钙指示剂0.1g，用EDTA标准溶液滴定至纯蓝色即为终点。按下式计算EDTA标准溶液的浓度。

$$C_2=\frac{C_1\times V_1}{V_2}$$

式中 C_2——EDTA浓度，mol/L；

C_1——氧化钙浓度，mol/L；

V_1——吸取氧化钙标准溶液的体积，mL；

V_2——EDTA标准溶液滴定时消耗的体积，mL。

以上试剂除特殊标明外，均为分析纯，水为二次蒸馏水。

7.4.1.2 实验方法

准确称取1.0000g试样于干燥的250mL玻璃烧杯中，用少许水冲洗杯壁（大约5mL），加入15mL(1+1)盐酸，待溶解完（反应停止）至清亮后，移至电炉上加热，煮沸后取下、自然冷却，用水转入 250mL 容量瓶中定容、摇匀。

吸取 20.00mL 试液置于 300mL 锥形瓶中，加 50mL 水、5mL 三乙醇胺（1+1）、0.1g 铜试剂，摇动后放置 2min，加入 20mL 200g/L KOH 溶液，0.1g 钙指示剂、1mL 6g/L 硫酸镁溶液，用 EDTA 标准溶液滴定至试液由酒红色变为蓝色为终点，即为消耗 EDTA 标准溶液的量，记下读数 V_3。做试剂空白实验，得到读数 V_0。按下式计算钙的含量。

$$w(\mathrm{Ca}) = \frac{(V_3 - V_0) \times C_2 \times 0.04008}{M_0 \times r} \times 100\%$$

式中 $w(\mathrm{Ca})$——钙的质量分数，%；

V_3——滴定时消耗的 EDTA 的体积，mL；

V_0——滴定空白时消耗的 EDTA 的体积，mL；

C_2——标定后的 EDTA 标准溶液浓度，mol/L；

M_0——称取样品质量，g；

r——试液分取比；

0.04008——1mL 1mol/L 的 EDTA 标准溶液相当于钙的克数，g。

7.4.2 实验讨论

（1）空白试验。受试剂和水的纯度的影响，测定结果可能会偏高，故在试验测定的同时要做空白试验，消除对测定结果的影响。

（2）溶样酸的选择。金属钙的化学性质非常活泼，遇水发生反应放出氢气，在空气中金属钙产品表面会很快附上一层氧化膜而变暗。根据上述特性，我们用不同浓度的盐酸来进行溶解实验。取一试料（钙含量 80.26%）按前述实验方法测定钙含量，结果见表 7-11。

表 7-11 实验测定结果

盐酸浓度	现 象	测定值/%
浓盐酸	清亮（反应激烈、迸溅）	79.90
1+1	清亮（反应稍激烈、不迸溅）	80.15
1+2	清亮（反应缓和）	80.10
1+3	清亮（反应平稳）	79.95

根据表中测定结果，本实验选择1+1盐酸即能完全迅速溶解试料，测定结果符合标准。

（3）镁盐的影响。镁的存在不干扰钙的测定（pH值为12~13）。测定钙时若存在镁盐，则终点变化非常明显，但不影响结果。所以加入少量镁盐能够有效地提高终点灵敏度，得到明显的滴定终点。

（4）滴定酸度的控制。EDTA和钙离子的络合反应须在pH≥12的条件下才能络合完全。故选择氢氧化钾溶液（200g/L、20mL）控制测定时溶液的pH值。

（5）共存离子的影响。金属钙中杂质元素有铁、铝、锰、铜、镁、硅、镍、氯、氮、钾。其中铁、铝、锰、铜对测定有干扰，其他元素在一般试料中含量甚微，不干扰测定，故不予考虑。经实验发现，在这些杂质元素中，铁与EDTA络合常数大，故在实验中选择用三乙醇胺来掩蔽铁、铝、锰离子，但必须在酸性环境中加入，然后再碱化，否则一旦生成$Fe(OH)_3$，则不易再与三乙醇胺作用。控制掩蔽剂在微过量消除铁、铝、锰大于1%的干扰（共存离子铁、铝、锰小于1%的不干扰测定）。

1）三乙醇胺的用量。在含有杂质元素大于1%的（铁40mg、铝10mg、锰10mg）测钙试液中，吸取20mL试液、分别加入2.0mL、3.0mL、5.0mL、8.0mL三乙醇胺（1+1）溶液，其他试剂的加入量同实验方法。结果表明，三乙醇胺量在加入5~8mL时测得结果一致，因此确定试液中加5mL三乙醇胺（1+1）溶液。

2）铜试剂的用量。基于金属钙中铜、镍含量较低，可用铜试剂进行掩蔽。吸取20mL测钙的试液，分别加入50mg、60mg、80mg、100mg铜试剂，其他试剂加入量同实验方法。结果表明，加入60~100mg铜试剂时测得结果一致，因此实验采用加入约0.1g铜试剂。

（6）方法比对实验。随机选取3个日常样品，分别采用本方法和原子吸收分光光度法分别进行测定，结果见表7-12。可见本方法与原子吸收分光光度法的测定结果相吻合，方法偏差在合理范围之内。

表 7-12 样品分析结果比较（质量分数） %

样品编号	组分	本方法测定值	原子吸收分光光度法测定值	偏差
1号	Ca	80.18	80.26	-0.08
3号	Ca	93.08	93.00	0.08
6号	Ca	98.35	98.45	-0.1

7.4.3 实验样品分析

按照实验方法选取不同含量的样品进行操作，对样品进行多次平行实验，考察本方法的精密度，将结果与原子吸收分光光度法测定值对照进行测定，结果见表 7-13。

表 7-13 样品中钙的测定结果（质量分数） %

样品编号	原子吸收法测定值	本方法测定值	平均值	标准偏差	相对标准偏差
1号	80.26	79.90、79.95、80.10、80.15、80.40、80.60	80.18	0.27	0.34
2号		85.65、85.50、85.25、85.20、85.10、85.05	85.29	0.24	0.28
3号	93.00	93.00、92.80、92.90、93.10、93.20、93.50	93.08	0.25	0.27
4号		95.20、95.40、95.50、95.60、95.80、95.90	95.47	0.22	0.23
5号		96.13、96.34、96.54、96.75、96.38、96.26	96.40	0.22	0.23
6号	98.45	98.50、98.40、98.30、98.20、98.10、98.60	98.35	0.19	0.19

7.4.4 实验结论

直接用 EDTA 络合滴定法快速测定金属钙类产品中钙的含量，所得结果与《金属钙分析方法　第 3 部分：原子吸收分光光度法直接测定铁、镍、铜、锰、镁》（GB/T 10267.3—2008）要求进行比对，结果表明本方法的分析误差完全在国标分析允许误差范围内，方法是可行的，既满足了金属钙冶炼生产快速检测的需要，也缩短了分析时间和降低了化验成本。

8 钙行业联盟组织

在第一届（2006）和第二届（2007）全国金属钙工业年会上，为充分推动金属钙工业发展、技术升级、绿色生产、市场应用和新产品开发等工作，企业代表相继提案，与会领导、专家及企业代表共同商榷，决定以中国钙业网为金属钙行业核心服务平台，组建“中国钙业理事促进会（联盟）”（联盟为行业自发性松散型组织，简称：钙促会）。

钙促会是我国金属钙行业唯一的行业联盟，于2008年正式组建。联盟响应金属钙行业企业的发展需求，服务行业企业发展，促进产业技术升级、绿色生产，推动行业信息交流，引导产业科技研发，协助企业市场推广。钙促会具体事务由北京事竟成有色金属研究所承担。2012年，北京事竟成有色金属研究所正式成为中国有色金属工业集团成员单位。

8.1 组织介绍

8.1.1 指导思想

帮助联盟成员及时、快速地了解行业产品的最新应用及有关市场数据，审慎掌握生产、节能、环保、安全等方面的技术问题与产品研发情况。同时，关注日益壮大的兄弟企业发展动向，以联盟成员的最高利益为主导思想，加强信息服务，引导产业创新升级。

8.1.2 成立宗旨

以金属钙行业发展为宗旨，全方位打造一个技术互动、成员互通的信息服务平台，运用中国钙业网的独特性，适时发布行业要闻、产业政策、供求信息、市场分析等热点内容。

嫁接（熔盐）电解法和（皮江）还原法互融互通，指导产业节能降耗、绿色生产，推广金属钙系列产品的民用工业化进程。

8.2 行业服务

以中国钙业网为信息服务平台，定期发布行业周期性市场预测与用户信息反馈数据分析，联络行业企业举行金属钙行业年会、技术交流、专家论坛及有助于企业发展的相关商务活动。

（1）所有联盟单位优先享有在中国钙业网免费刊登企业名录及信息的权利。

（2）所有联盟单位优先享有参加联盟相关会议、培训、参观、考察、交流和学习的权利。

（3）所有联盟单位优先享有在中国钙业网发布企业供求信息、发展业绩及产品推广的权利。

（4）所有联盟单位优先享有在中国钙业网进行企业宣传、友情链接服务的权利。

（5）做好联盟企业的产品月报价服务，定期在中国钙业网产品月报价栏目进行更新发布。

（6）建立中国钙业网热点论坛，开展实时的信息交流，打造小产业大舞台的市场化信息服务平台。

（7）围绕联盟成员提供需求，起到上可以达政府有关部门、下可以至企业的服务精神。

（8）做好联盟年会工作计划，用大数据分析技术为企业提供市场预测风险报告。

中国钙业网（http：//www. chinagaiye. org）于2006年6月30日正式开通。2008年9月1日，改版后的中国钙业网一如既往地承担着金属钙行业的信息服务工作。

2016年，为了加速推进金属钙工业+互联网的发展，中国钙业网已经规划出第三次改版方案，改版后的中国钙业网（见图8-1）将于2017年年底上线。改版后的中国钙业网开通宽屏报价系统，为金属钙冶炼和加工企业提供更为翔实的报价服务和平台交易服务。

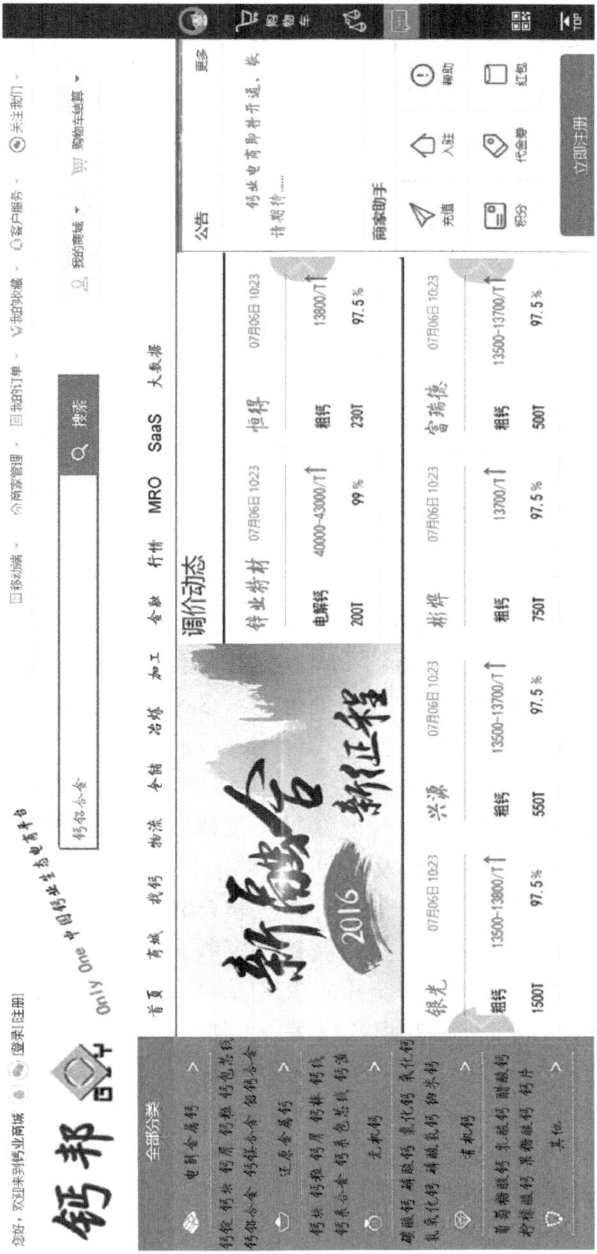

图 8-1 改版后的中国钙业网

8.3 主要工作

（1）保持金属钙利润率基本稳定。十几年来，还原钙的价格如过山车式的起起伏伏，让很多企业不得不撤离这一产业。在这样的背景下，即使是依旧坚守的企业，也常常是如履薄冰。

稳定还原钙产品价格，成为了金属钙冶炼企业重中之重，也是所有加工企业最为关心的焦点。稳定还原钙产品的价格，要做到以下几点：

1）有效促进市场消费的流动性，把握好价格调整时机、节奏和力度；

2）推动竖罐炼钙新技术，保障企业利润率的稳增不减；

3）加强物流体系建设，降低产品运输成本；

4）加强企业自律，维护行业秩序。

2016 年以来，有色金属价格上涨较快，随着电解铝价格的上扬，电解钙的价格维持在 38000~40000 元/t。还原钙价格由 2016 年 2 月份的 11800 元/t 上升到 2017 年 3 月份的 17500 元/t，再到 5 月份的 21000 元/t。6 月中旬又回落到 17500 元/t 的价格，这是维持还原钙冶炼企业盈利的稳定价格。因加工企业大多采用订单式生产，价格趋稳状态下一般不受影响。

（2）加快产品创新和结构调整。扩大金属钙国内消费需求，是金属钙多元化发展的必然途径。立足科技研发，加快新技术、新产品的投入，是促进产业均衡发展的内在要求。

目前，北京事竟成有色金属研究所联合北京科技大学冶金与生态工程学院，拟向教育部申报金属钙国家教育基地示范项目，拟向北京市科委申报钙基系列合金重点实验室项目，加快推进金属钙高附加值产品的产业发展和知识产权保护工作。

（3）制定还原钙及其系列产品质量标准。北京事竟成有色金属研究所联合还原钙冶炼生产企业、深加工企业及科研单位，启动还原钙及其制品的行业标准制定起草工作，为还原钙产品在国际出口、军品供需中提供标准和技术保障。

（4）联合钢铁机构推进钙消费。北京事竟成有色金属研究所联合钢铁协会、铁合金协会、中国金属学会钢铁分会等机构，通过钢铁年会、商务会议、学术交流会和专家论坛，建立钙企业与上述机构的联系机制，推广金属钙应用示范工程，加强钢铁补钙深层次科学研究，为钙消费在钢铁领域的长足发展建立大数据服务体系。

（5）组建正式的钙行业组织。依据民政部行业组织成立规定，参照中国有色金属工业协会镁业分会、锂业分会等小金属分会的成立方案，会同联盟成员，适时向中国有色金属工业协会申请成立钙业分会。

依据我国金属钙冶炼和加工产业占全世界95%的基础现状，可以会同行业企业向国际组织申报，成立国际钙业协会，为我国金属钙产业的国际地位奠定基石。

9 钙行业的现状分析与前景展望

9.1 钙行业发展中的问题及市场情况

21 世纪之初，铜、铅、锌、钨、钼、锡、铝、镁等的有色金属价格不断攀升，期指市场波动频繁，受美国华尔街金融危机的影响，2008 年第三季度 10 种常用金属产品进入低谷。与此相反，金属钙却出现了价格翻番的景象，当时可谓是一货难求。但当时钙行业的发展存在以下问题：

（1）市场无序竞争，价格混乱，行业不能全面健康发展。

（2）铝热法还原钙技术尚不成熟，需做好技术优化，提高劳动生产率，增强产品产能。

（3）原材料成本大幅上涨，产品性价比低迷，虽然部分钙产品价格稍有上涨，但总体涨幅不大。

2006 年至 2008 年，我国金属钙生产及市场发生了巨大的变化，主要表现在：

（1）企业洗牌。截至 2006 年年底，我国金属钙冶炼企业仅有 10 余家从事生产。到 2008 年，我国电解钙生产企业有 4 家，还原钙生产企业有 8 家，金属钙钙块、钙屑、钙粒和钙合金包芯线生产企业有 70 家之多，贸易公司有近 20 余家。

（2）价格飙升。2008 年，受北京奥运经济推动。每吨金属钙价格由年初的 17500 元，7 月份猛增到 38000 元，甚至瞬间飙升至 45000 元。数据显示：2008 年金属钙的平均价格比 2007 年的平均价格上涨了的 160%。

2008 年是我国“十一五”发展的中期，金属钙冶炼企业节能减排工作迫在眉睫，各地任务重，落实难度大。山西、内蒙古、河南是金属钙的主要生产和加工基地，在行业中占据市场优势，绿色生产改造成为这些地区企业发展中的艰巨任务。一方是市场继续购货，一方是半停产改造，必然催生2008年金属钙货源不足、价格飙升的现象。

2006~2008年我国金属钙生产企业基本情况见表9-1~表9-3。

表9-1 2006年我国金属钙生产企业基本情况

序号	企业名称	性质	生产状况	产品种类	年产量/t
1	包头融华钙业有限责任公司（原202厂钙厂）	国有	电解法（冶炼）	粗钙、钙粒、钙系列	6000
2	中核建中核燃料元件有限公司（原812厂锂钙公司）	国有	电解法（冶炼）	粗钙、钙粒、合金等	1000
3	汉中锌业特种材料有限公司（原813厂）	股份	电解法（冶炼）	粗钙、钙粒、合金等	2000
4	四川乐山双安钙业有限公司	民营	热还原	粗钙、钙粒、钙合金	800
5	成都大为冶金有限公司	民营	热还原	钙粒、钙基合金	500
6	武乡兴源钙业有限公司（原武乡任兴镁业有限公司）	独资	热还原	粗钙、钙锭	2000
7	闻喜县银光征帆镁业有限责任公司	股份	热还原	粗钙、钙粒、钙屑	2000
8	上海宏峰集团公司林州森达特种金属公司	合资	热还原	粗钙、钙粒、钙合金	2000
9	其他企业		热还原		700
总　计					17000

表9-2 2007年我国金属钙生产企业基本情况

序号	企业名称	性质	生产状况	产品种类	年产量/t
1	包头融华钙业有限责任公司（原202厂钙厂）	国有	电解法（冶炼）	粗钙、钙粒、钙系列	6000
2	中核建中核燃料元件有限公司（原812厂锂钙公司）	国有	电解法（冶炼）	粗钙、钙粒、合金等	改造

续表 9-2

序号	企业名称	性质	生产状况	产品种类	年产量/t
3	汉中锌业特种材料有限公司（原813厂）	股份	电解法（冶炼）	粗钙、钙粒、合金等	2000
4	包头市晶华金属钙业有限责任公司	民营	电解法（冶炼）	粗钙、钙粒、钙合金	1000
5	四川乐山双安钙业有限公司	股份	热还原	粗钙、钙粒、钙合金	1000
6	武乡兴源钙业有限公司(原武乡任兴镁业有限公司)	独资	热还原	粗钙、钙锭	4000
7	闻喜县银光征帆镁业有限责任公司	股份	热还原	粗钙、钙粒、钙屑	4000
8	上海宏峰集团公司林州森达特种金属公司	合资	热还原	粗钙、钙粒、钙合金	2000
9	其他企业		热还原		1000
总计					21000

表 9-3　2008 年我国金属钙生产企业基本情况

序号	企业名称	性质	生产状况	产品种类	年产量/t
1	包头融华钙业有限责任公司（原202厂钙厂）	国有	电解法（冶炼）	粗钙、钙粒、钙系列	6000
2	中核建中核燃料元件有限公司（原812厂锂钙公司）	国有	电解法（冶炼）	粗钙、钙粒、合金等	1000
3	汉中锌业特种材料有限公司（原813厂）	股份	电解法（冶炼）	粗钙、钙粒、合金等	2000
4	包头市晶华金属钙业有限责任公司	民营	电解法（冶炼）	粗钙、钙粒、钙合金	1500
5	四川乐山双安钙业有限公司	股份	热还原	粗钙、钙粒、钙合金	1500

续表 9-3

序号	企业名称	性质	生产状况	产品种类	年产量/t
6	武乡兴源钙业有限公司(原武乡任兴镁业有限公司)	独资	热还原	粗钙、钙锭	4000
7	闻喜县银光征帆镁业有限责任公司	股份	热还原	粗钙、钙粒、钙屑	5000
8	上海宏峰集团公司林州森达特种金属公司	合资	热还原	粗钙、钙粒、钙合金	2000
9	其他企业		热还原		3000
总计					26000

9.2 钙行业发展迅猛

在有色金属 64 位家族成员中，Ca 在轻金属（铝、镁、钠、钾、钙、锶、钡）排第五。它以其特殊的活性和添加剂功能，在有色合金领域和钢铁工业中崭露头角，散发着前所未有的光芒。钙，这个不容忽视的星星之火，已经点燃起新世纪“钙邦崛起”的烈火雄心，吹起了群英逐鹿的号角。

9.2.1 金属钙产量显著提升

金属钙行业在 2005 年，全世界总产量不到 1.5 万吨，而到了 2016 年，全世界总产量达到 5.2 万吨，产量显著提高。

9.2.2 金属钙产业布局明显

我国金属钙民用市场起步较晚，源于 20 世纪 90 年代初期。直到进入 21 世纪，随着“钢铁补钙”技术的进步和钙包芯线产品的不断研发应用，金属钙产业布局结构逐步显现。

还原钙最初的冶炼企业主要集中在山西、内蒙古、陕西、宁夏、四川、河南等省区，随着产业发展的融合与市场分布，截至 2016 年，还原钙冶炼企业仅集中在山西、陕西等省区。其特点是：

（1）金属钙原料，即石灰石、白垩石等产地近在咫尺。

（2）黄土高原，干旱少雨，有利于金属钙冶炼。

（3）这些地区的钙冶炼企业基本是由还原镁转型为还原钙厂而来，其技术条件较为成熟。

电解钙主要是军工产品的发源地。其特点是：

（1）多为核工业旗下公司，比如202厂钙厂（现为包头融华钙业有限责任公司）、812厂（现为中核建中核燃料元件有限公司）、813厂（现为汉中锌业特种材料有限公司）。

（2）如河南洛阳、宁夏中卫的电解钙项目，都是由核工业体系延伸而来。

（3）今天仅存的几家电解钙合金加工企业，多为原工业体系的市场和人力资源支撑。

金属钙加工企业地域较为明显，如鹤壁、安阳、长治、汉中、太原、包头、成都、天津、南京等地，都已经形成了区域性的金属钙深加工产业集聚区。

9.2.3 市场具有不可替代性

金属钙作为钢铁用脱硫剂、脱氧剂、去除杂质的添加原料，在越来越多的工业性能中起到了不可或缺的主导地位。同时，金属钙还是有色金属铜、铝、铅、锂、镍、硅等工业合金材料的重要金属元素。

市场决定消费，金属钙以其独特的性能，不断被新的领域发掘和认可，这主要取决于钙金属元素的不可替代性。如：纯钙包芯线可以凭借收得率和产品性价比替代硅钙包芯线和钙铁包芯线，作为钢铁用脱硫剂、脱氧剂、去除杂质和高端钢材精炼中的添加剂材料，并且在基础钢材的应用中效果更加优良。

9.2.4 露天存放技术的发展

早期的军品电解钙在生产和应用中是不直接接触空气存放的，它严格依照国家标准执行操作。随着还原钙在民用应用领域的蓬勃发展，企业用实践证明了还原钙完全可以在自然条件下存放1周左右，当然，其表面会产生氧化反应，出现白色粉末。

还原钙只要完全不接触水或受潮，是不会出现因接触空气而发生自燃现象的。正是还原钙的这一特点，国内加工企业采购的粗钙（钙锭）产品在短途运输中，已经完全不用桶装（加氩气抽真空）的运输办法便可运输到目的地，降低了还原钙冶炼、加工企业的存储和运输成本。

9.2.5 “十二五”成果放异彩

“十二五”期间，我国金属钙行业发展趋势极不平稳。面对国内金属钙产业规模化生产刚刚起步，国际金融市场起伏跌宕的复杂形势和一系列重大风险挑战，行业企业艰苦创业、拼搏奋斗，全面推进工艺升级和金属钙工业环保治理，工业面貌发生了历史性的变化。

（1）这五年，金属钙综合生产力、单体产业规模显著提高。面对国际金融危机的冲击，金属钙行业保持产业平稳较快发展，顺利完成“十二五”发展中的行业整合与节能减排工作，实施产业升级，推动金属钙工业整体技术工艺水平迈上新台阶。单体最大规模由电解钙7000吨/年增加到还原钙1.8万吨/年。行业总就业人数达到2000人以上，劳动合同制工人在1000人左右。

（2）这五年，金属钙各项产品加速发展，新产品研发不断创新。电解钙工业技术精益求精，皮江法还原钙生产技术不断进步，单罐产量有了重大突破，钙块、钙屑、钙粒、钙棒、钙丝等系列产品的使用不断推陈出新，钙基系列合金产品在应用中得到了重大突破。硅钙合金生产工艺技术有了新的突破，纯钙包芯线在工业应用中得到了客户的一致认可。

（3）这五年，金属钙国内外贸易发挥了举足轻重的作用。由电解钙的独有市场到还原钙加入竞争，金属钙上、下游产品在内贸加工和出口外销中日益成长，由2005年的3000多吨左右小规模出口量，增加到了2015年2万吨（含电解钙、还原钙及包芯线等多类金属钙产品）的出口量，产品对外贸易总额年平均达到了近6亿元（人民币）左右。

（4）这五年，还原钙工业水平和市场占有率显著提升。电解钙和还原钙在行业发展中各司其职，我国金属钙产品规模由2005年的总量不到1.2万吨，一跃发展成为2016年的5.3万吨，较2005年的年均增长15%，市场的默认让金属钙大有作为。

9.3 钙邦崛起喜忧参半

一边是电解钙产业格局的竞争，一边是还原钙无限扩大的市场份额，这中间有股鹿死谁手、难以权衡的利弊。

从产业发展与市场平衡上来讲，谁都不希望任何一方退出这场竞争，而是期待双赢局面的到来。电解钙企业和还原钙企业在市场上虽说是“冤家对头”，但在行业进步的角度来讲，毕竟都在同一领域发展，只不过市场验证企业生命力，大家在亲兄热弟的背后同样有着一个目标，那就是让企业多产钙，让员工多领工资。从这一点上来讲，电解钙企业和还原钙企业获取利益最大化的目标完全统一。

9.3.1 电解钙企业前景堪忧

我国电解钙生产企业基本情况见表9-4。

表9-4 国内6家电解钙企业现状

序号	企业名称	性质	年产能/t	现状	2016年产量/t
1	包头融华钙业有限责任公司（原202厂钙厂）	国有	7000	停产	加工
2	中核建中核燃料元件有限公司（原812厂锂钙公司）	国有	3000	停产	—
3	汉中锌业特种材料有限公司（原813厂）	股份	2000	生产	1500
4	包头市晶华金属钙业有限责任公司	民营	1500	停产	加工
5	洛阳宏成金属材料有限公司	独资	500	停产	—
6	宁夏中卫艾尔德科技有限公司	合资	（一期）5000	停产	—

由表9-4可知，我国电解钙企业经过“十二五”期间的发展，

前景堪忧。先是812厂锂钙公司于2007年停产电解钙，后转为电解锂生产线；再是洛阳宏成金属材料有限公司的建设、调试、试产、停产；继而，202厂钙厂也由减产、再减产、职工轮岗到停产，可以说电解钙企业饱受市场摧残。

从另一个角度来讲，包头市晶华钙业有限责任公司2007年投产，2010年停产；再到2008年宁夏中卫艾尔德科技有限公司立项，2011年完成一期5000吨单机组2500吨电解钙规模安装，2013年停产；预示着电解钙产业在赓续中迎来了尾声。如今汉中锌业特种材料有限公司也减少了25%的产量，电解钙还能在市场中坚持多久未尝可知。

9.3.2 还原钙企业百家争鸣

截至2016年年底，我国内还原钙生产企业基本情况见表9-5。

表9-5 国内10家还原钙企业现状

序号	企业名称	性质	年产能/t	现状	2016年产量/t
1	四川乐山双安钙业有限公司	股份	6000	停产	—
2	山西银光镁业集团	股份	25000	生产	20000
3	武乡兴源钙业有限公司	独资	10000	生产	10000
4	山西武乡晋王镁业有限公司	股份	5000	停产	—
5	山西晋星金属钙业有限公司	股份	5000	停产	—
6	屯留县彬烨钙合金工贸有限公司	股份	10000	生产	10000
7	山西富瑞德国际贸易有限公司（吕梁市交口金属钙生产基地）	股份	8000	停产	8000
8	巩义市众鑫钙业有限公司	股份	5000	停产	—
9	闻喜县恒得镁业有限公司	股份	3000	生产	3000
10	府谷县金林钙业有限公司	民营	3000	停产	—

由表9-5可知，我国还原钙企业经过长期的发展，同样是兴衰各异。值得一提的是，到2010年，我国还原钙的年产量已经接近4万吨；2016年年底，全国还原钙的年产量达到了5万吨。这不但展

示了金属钙产业的朝气蓬勃，也预示着还原钙在市场中的价值。

还原钙企业中，最具活力的有山西银光镁业集团、武乡兴源钙业有限公司和屯留县彬烨钙合金工贸有限公司三家企业。经过十几年的发展，这三家企业造就了国内还原钙三足鼎立的局势，而这三家企业又都在山西，可谓钙之晋商，刮目相看。

在百家争鸣的钙工业发展中，除了以上三家，还有闻喜县恒得镁业有限公司、府谷县金林钙业有限公司和四川乐山双安钙业有限公司等企业，为还原钙的崛起一直孜孜不倦地奉献。

9.3.3　新增钙业虎视眈眈

2003 年至今，我国金属钙新项目一个接一个：2003 年有四川省乐山市金口河区、河南省安阳市林州市，2004 年有河南省鹤壁市、山西省运城市闻喜县、山西省长治市武乡县，2005 年有山西省太原市刘胡兰镇、河南省洛阳市，2006 年有吉林省吉林市、湖南省长沙市，2007 年有重庆市，2008 年有安徽省巢湖市、宁夏区中卫市，2009 年有云南省石林市、河南省南阳市淅川县，2010 年有山西省长治市屯留县，山西省太原市阳曲县，2011 年有山东省临沂市沂水县，2012 年有安徽省合肥市、河北省唐山市曹妃甸区，2013 年有内蒙古区鄂尔多斯棋盘井镇、山西省大同市浑源县，2014 年有陕西省榆林市府谷县和神木县，2015 年有新疆某电解铝厂，2016 年有内蒙古区鄂尔多斯某煤焦化企业等等，均有投资人计划入驻金属钙行业。

睁眼看世界，闭目论乾坤。入驻钙业：有观望者，有试水者，有勇往直前者。其间，大多被作者劝说投资其他产业，仅有重庆、中卫、棋盘井等相继建设金属钙生产线，但结果都相继关停。

9.3.4　深加工缺乏创新

金属钙产品的深加工略显不足，初级产品停留在块、屑、粒、粉等常规产品上，虽然行业采用蒸馏、挤压技术，研发出钙棒、钙丝产品，其本质是取代屑、粒、粉，但市场依旧是包芯线类产品的材料，而各类合金产品同样缺乏创新。即使有新技术和新产品，很少申报专利，存在很多创新思想的误区：

（1）高端产品无人问津，既有技术难点，也是行业通病。

（2）创新远不及仿造发展速度，只求量化，不求科技含量和高附加值。

（3）产学研不能有效结合，实干蛮干。

（4）对市场认知度不够，信息传递缺乏可靠途径。

（5）缺乏行业交流，盲目跟进，缺乏自我创新意识。

9.3.5 贸易带动钙业发展

这里不得不提到经济危机的作用，正是由于危机的到来，美国、法国、俄罗斯等国外金属钙工业生产企业相继停产或减产，除俄罗斯仅有的一小部分军用电解钙产品自用，国际上民用金属钙市场几乎全部由我国生产。我国已成为全世界的钢铁企业“补钙”和钙合金类产品的重要原材料基地。

9.3.6 企业发展缺乏长远规划

一个企业没有自己的规划，无所谓成长；一个行业没有发展轨道，无所谓进步。“十二五”期间的金属钙企业处于“市场原始积累到初级竞争的阶段”，可谓群英逐鹿。

要使行业市场竞争走上公平、自律的坦途，至少需要“十三五”或许再长一些的时间，当然与领航者、从业者的职业操守息息相关。

产、学、研是任何一个企业都无法脱离和抛掷脑后的现阶段发展规律，国要强国、企要强企，金属钙企业产、学、研滞后，孵化器断代，成果难以转化等问题，大都是因为企业家对科研团队的认知及对新兴领域知之甚少，主要表现在技术、信息等数据的不确定性。

为了加快金属钙产业绿色生产，钙促会作为行业服务机构，拟定了一套可供行业发展的数据分析，主要包括：

（1）金属钙深加工企业数量、分布情况、利润空间、新产品开发及市场增容前景。

（2）同类产品（如硅钙、钙铁等）数据对比，包含性价比、质量比、消费观、工业效果等。

（3）从科研院所入手，建立金属钙重点实验室项目，确认课题立项、成果转化、市场推广等信息。

（4）深入钢铁企业，普查金属钙产品应用与需求，推广金属钙的使用价值。

（5）扩大有色金属领域钙产品的市场，确认钙系列合金产品的产、学、研发展方向。

（6）国外市场含钢铁及钢铁外的企业数据、国籍、消费量、需求总量、未开发市场等情况。

（7）确认出口份额及年度出口大数据情况，建立金属钙行业出口信息联动机制。

（8）高端市场及具有的潜在可开发领域市场。

9.4 钙行业“十三五”发展展望

2016年，我国年产钢铁总量为8.08亿吨，到2020年，我国钢铁总量将继续提升，这必将推动钙产业再上一个新台阶。

“十三五”期间，恰逢我国金属钙产业转型发展的崛起之年。竖罐炼钙新工艺试产，蒸馏钙提纯工艺日趋成熟，军品高纯钙质量不断提升，钙合金产品应用领域持续扩大，钙包芯线在钢铁喂丝领域深受客户青睐。

根据《国家第十三个五年规划的建议》，钙促会（联盟）推出了《我国金属钙行业自律发展“十三五”发展的建议》（以下简称《金属钙“十三五”》）。企业在追求利益最大化的同时，要在《金属钙“十三五”》的指导下做好资源有效配置、能源综合利用、市场消费结构转变的多项服务工作。

从国际上看，世界多极化、经济全球化深入发展，资源、能耗、利润仍是影响企业发展的客观因素。国际金融市场的变化影响金属钙国际贸易的发展。金属钙产业链条虽然很小，但是也要综合研判国际金融走势。这是我国金属钙产业驾驭国际市场的重要战略课题。

从国内来看，我国资源型产业发展的有利条件和长期向好的区域优势没有改变，金属钙企业的自动化、信息化、市场化和工人老龄化逐渐显现，转变工业生产结构，提升企业自动化信息生产，是摆在金属钙企业升级发展的首要任务。

9.4.1 金属钙年生产总量趋势走稳

到2017年初，我国有电解钙企业1家，还原钙企业5家，钙块、钙粒、钙棒企业10余家，钙包芯线类企业30余家和贸易公司10余家在产。依据《金属钙“十三五”》发展建议，钙促会将积极协助3~5家金属钙冶炼、加工及贸易企业的成长，期望在“十三五”末期，使3~5家金属钙冶炼、加工及贸易企业的市场占有率在20%左右，推动金属钙的下游消费年均增长5%以上。

9.4.2 转变金属钙产业发展结构

坚持走金属钙新型工业化道路，推动信息化和工业化深度融合，提升传统金属钙产业为新型制造业，转变“闭门造车”的落后观念，带领金属钙企业走出去。加强与北京科技大学冶金与生态工程学院的金属钙研发基地战略合作，夯实以产业发展为基础，科技研发为纽带，高附加值产品为核心的孵化功能。

9.4.3 推进金属钙产业资源节约

积极响应国家节能减排政策号召，加强企业资源节约管理，提高企业能源综合利用率，保障区域环境建设，全面增强优势企业可持续发展能力。金属钙生产因其资源地域优势，形成了以山西为冶炼、河南为初级加工、东部省份为深加工的金属钙区域化特点。

这里仅分析山西金属钙冶炼企业节能减排情况。屯留县彬烨钙合金工贸有限公司是以祥瑞焦化厂区的焦炉煤气为原料为炉窑能源。武乡兴源钙业有限公司在2014年实施了瓦斯气改造项目（钙厂瓦斯气供气管理系统见图9-1），公司目前采用瓦斯气为炉窑能源，这也是山西省长治市唯一一家金属钙冶炼瓦斯气项目，公司在矿区瓦斯气采集不足时，采用煤气发生炉补充炉窑能源。其他如山西银光镁业集团两个金属钙冶炼基地、山西富瑞德交口金属钙基地、闻喜县恒得镁业有限公司都是采用煤气发生炉为炉窑能源。

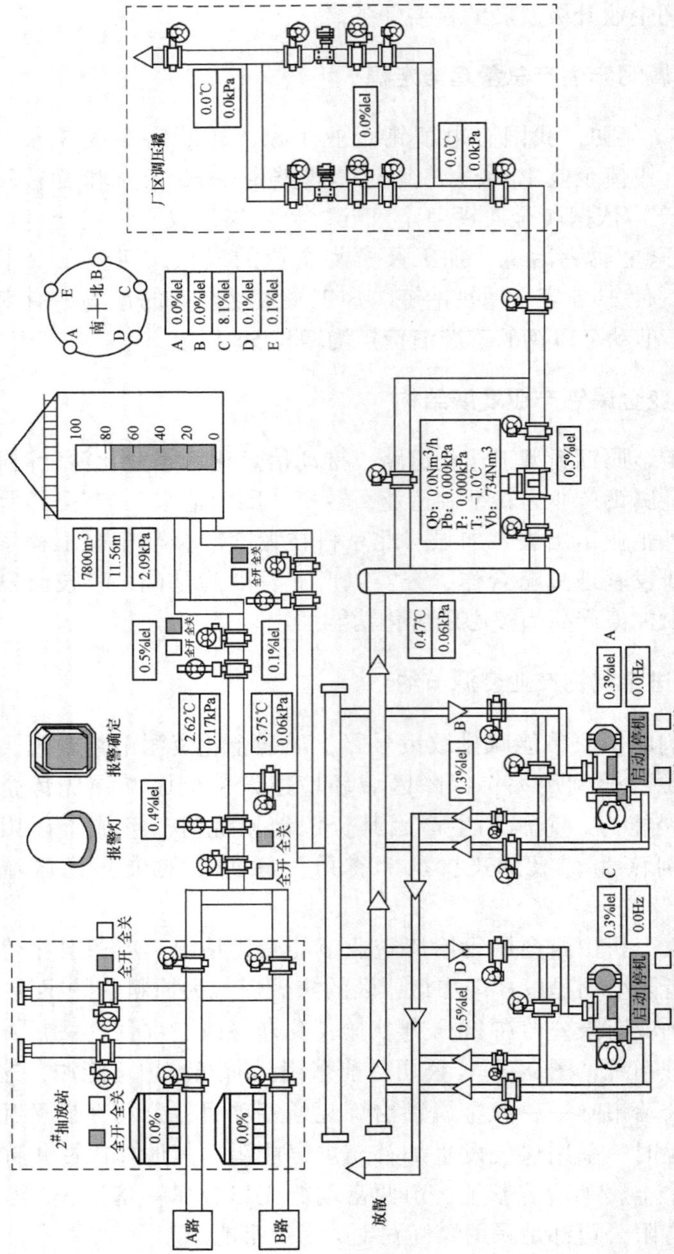

图 9-1 钙厂瓦斯气供气管理系统

还原钙企业实现了综合利用，生产金属钙后的钙渣，在金属钙产业发展之初，就已经成为铝酸钙产业抢手的产品。目前，金属钙企业已经在资源整合上做出了成效，如电整流系统升级、自动真空泵系统、还原渣综合利用、竖罐炼钙工业试产等，有效地降低了企业劳动力强度，提升了企业自动化生产水平。

9.4.4 实施走出去战略

实施走出去战略，是我国金属钙企业扩大消费的有效途径，让更多的国外客户了解我国的金属钙产品，了解我国金属钙的产业技术条件和产品质量，提升国外客户消费信任度，是保障金属钙产品走出去的一张名片。

中国有句古话：有朋自远方来，不亦乐乎！只有走出去，才能请进来；我们以礼仪之邦的豪情，彰显“钙邦”热情好客的情怀。

目前，我国金属钙产品已经在日本、美国、俄罗斯、法国、英国、韩国、越南、印度等地区被广泛应用，深受客户好评。

9.4.5 培植1~2家上市种子企业

本着对金属钙行业崛起的希望，推动金属钙企业大发展的原则，钙促会计划在“十三五”期间，协助和引导1~2家金属钙行业优势企业登录新三板，在联盟成员的共同帮扶下，把这1~2家金属钙企业培养成上市型种子企业，带动我国金属钙行业朝着更加光明的市场发展。

路其修远兮，旦夕可达；业坎坷兮，壮志未酬！

有金属钙业界同仁的携手，我们相信：“钙邦”大业将永远照亮行业发展的雄心壮志。

在遥远的征程中，“钙邦”已经崛起。

附　录

附表 1　我国金属钙企业情况统计

公司名称	省/直辖市	市	县/区	投产年份	技术	2016年生产状态
包头融华钙业有限责任公司（原202厂钙厂）	内蒙古	包头		1958	电解/重熔	冶炼停产/加工在产
中核建中核燃料元件有限公司（原812厂锂钙公司）	四川	成都		1970	电解	停产
汉中锌业特种材料有限公司（原813厂）	陕西	汉中	南郑县	1974	电解	在产
宁夏中卫艾尔德科技有限公司	宁夏	中卫	沙坡头区	2009	电解	停产
包头市晶华金属钙业有限责任公司	内蒙古	包头	九原区	2006	电解	停产
洛阳宏成金属材料有限公司	河南	洛阳	宜阳	2010	电解	停产
上海笃自贸易有限公司	上海		闵行区	1995	重熔	在产
包头市华雷铸搪有限责任公司	内蒙古	包头		2003	重熔	在产
河南豫光合金有限公司	河南	济源			重熔	在产
四川乐山双安钙业有限公司	四川	乐山		2003	皮江	停产
成都大为冶金有限公司	四川	成都		2004	重熔	在产
鹤壁市汇海金属制品有限公司	河南	鹤壁		2005	重熔	停产
安阳市太行冶金有限公司	河南	安阳		1996	重熔	加工在产
鹤壁市鑫汇镁业有限公司	河南	鹤壁		2005	皮江	停产
武乡兴源钙业有限公司（原武乡任兴镁业有限公司）	山西	长治	武乡县	2002	皮江	在产
山西闻喜银光镁业集团	山西	运城	闻喜县	2005	皮江	在产

续附表 1

公司名称	省/直辖市	市	县/区	投产年份	技术	2016 年生产状态
邯郸市冀祥冶金材料有限公司	河北	邯郸		2005	重熔	在产
武乡县晋王镁业有限公司	山西	武乡			皮江	停产
鹤壁祥龙有色粉业有限公司	河南	鹤壁	山城区	2005	重熔	停产
山西晋星金属钙业有限公司	山西	临汾	曲沃县		皮江	停产
屯留县彬烨钙合金工贸有限公司	山西	长治	屯留县	2010	皮江	在产
巩义市众鑫钙业有限公司	河南	巩义		2004	重熔	在产
山西富瑞德国际贸易有限公司	山西	太原		2005	重熔	在产
乐山宏丽金属材料有限公司	四川	乐山	金口河区	2016	重熔	在产
新乡市亿达冶金材料有限公司	河南	新乡		2006	重熔	在产
马鞍山市兴达冶金新材料有限公司	安徽	马鞍山		2009	重熔	在产
鹤壁市维多利镁业有限公司	河南	鹤壁		2005	重熔	在产
鹤壁宏昌镁业有限公司	河南	鹤壁			重熔	在产
潞城市永鑫工贸有限公司	山西	潞城			重熔	
林州宏瑞金属材料加工有限公司 林州森达特种金属有限公司	河南	林州		1996	重熔	在产
四川建中金属材料有限责任公司	四川	成都		2012	重熔	在产
长治县金世恒合金科技有限公司	山西	长治		2010	重熔	在产

续附表 1

公司名称	省/直辖市	市	县/区	投产年份	技术	2016 年生产状态
鹤壁市淇滨区凯博金属加工厂	河南	鹤壁	淇滨区	2009	重熔	在产
新乡市新兴冶金材料有限公司	河南	新乡		2005	重熔	在产
河南万和不锈钢有限公司	河南	许昌		2002	重熔	拆除
府谷县金林钙业有限责任公司	陕西		府谷	2005	皮江	停产
府谷县玉丰镁业有限责任公司	陕西		府谷	2013	皮江	停产
榆林市煤炭科技天池金属镁业	陕西		府谷	2014	皮江	停产
安阳市铁发冶金耐材有限公司	河南	安阳		2006	重熔	在产
鹤壁市金利达线材有限公司	河南	鹤壁	淇滨区	2010	重熔	在产
天津金立集团公司（产业园）	天津		2003	中外合资	重熔	在产
天津克莱德芯线合金有限公司	天津			2005	重熔	在产
闻喜县恒得镁业有限公司	山西	闻喜	东镇	2003	皮江	在产
鄂尔多斯祥元冶金有限公司	内蒙古	鄂尔多斯	棋盘井	2014	皮江	停产
鄂尔多斯市双欣化学工业有限公司	内蒙古	鄂尔多斯	棋盘井	2016	电解	筹建
株洲冶炼集团股份有限公司	湖南	株洲		1990	重熔	在产
济源市万洋合金科技有限公司	河南	济源		2006	重熔	在产
济源市金辉合金科技有限公司	河南	济源		2015	重熔	在产

数据来源：北京事竟成有色金属研究所。

附表 2　我国金属钙企业 2008～2016 年产能分析　　t

公司名称	2008 年	2009 年	2010 年	2011 年	2012 年	2013 年	2014 年	2015 年	2016 年
包头融华钙业有限责任公司（原 202 厂钙厂）	6000	7000	7000				停产	停产	停产
中核建中核燃料元件有限公司（原 812 厂锂钙公司）	3000	3000	3000						
汉中锌业特种材料有限公司（原 813 厂）	2000	2000	2000	2500	2500	2500	2500	2000	1500
宁夏中卫艾尔德科技有限公司	5000	5000	5000	10000			停产		
包头市晶华金属钙业有限责任公司	3600	1500	1500	扩建	4500		停产		
洛阳宏成金属材料有限公司			1000				停产		
上海笃自贸易有限公司	4000	5000	500				1200		
包头市华雷铸搪有限责任公司							1500	2000	2000
河南豫光合金有限公司	20000	20000	20000	20000	20000	20000	20000	20000	20000
四川乐山双安钙业有限公司	2000		6000	6000	10000			停产	停产
成都大为冶金有限公司	1000						2000		

续附表 2

公司名称	2008 年	2009 年	2010 年	2011 年	2012 年	2013 年	2014 年	2015 年	2016 年
鹤壁市汇海金属制品有限公司	600								
安阳市太行冶金有限公司	1500								
鹤壁市鑫汇镁业有限公司	1000	1200							
武乡兴源钙业有限公司（原武乡任兴镁业有限公司）	3000		15000	10000	8000	8000	10000	10000	10000
山西闻喜银光镁业集团	1800		18000	20000			25000	25000	25000
武乡县晋王镁业有限公司			3000	3000			停产		
鹤壁祥龙有色粉业有限公司	1000								
山西晋星金属钙业有限公司			5000						
屯留县彬烨钙合金工贸有限公司			5000	8000	8000	12000	18000	18000	18000
巩义市众鑫钙业有限公司			5000						
山西富瑞德国际贸易有限公司	3000			5000			5000	8000	8000
乐山宏丽金属材料有限公司				4000					
新乡市亿达冶金材料有限公司			1500	2000					

续附表 2

公司名称	2008 年	2009 年	2010 年	2011 年	2012 年	2013 年	2014 年	2015 年	2016 年
马鞍山市兴达冶金新材料有限公司				6000					
鹤壁市维多利镁业有限公司	3000	3000	3000	3000	4000	5000	6000	6000	6000
鹤壁宏昌镁业有限公司							7000	7000	7000
潞城市永鑫工贸有限公司	3000	3000	3000	3000	3000	3000	3000		
林州宏瑞金属材料加工有限公司 林州森达特种金属有限公司			2000				5000	5000	5000
四川建中金属材料有限责任公司					1000	1000	1000	1000	1000
长治县金世恒合金科技有限公司							6000	6000	6000
鹤壁市淇滨区凯博金属加工厂				5000	5000	5000	5000	5000	5000
新乡市新兴冶金材料有限公司			25000	2500	3000	3000	3000	3000	3000
河南万和不锈钢有限公司			300						
府谷县金林钙业有限责任公司	5000	5000	5000						

续附表 2

公司名称	2008 年	2009 年	2010 年	2011 年	2012 年	2013 年	2014 年	2015 年	2016 年
府谷县玉丰镁业有限责任公司						3000	3000	3000	3000
榆林市煤炭科技天池金属镁业					3000	3000	3000		
安阳市铁发冶金耐材有限公司					3000	3500	4000	4000	4000
鹤壁市金利达线材有限公司							2000	2000	2000
天津金立集团公司（产业园）							5000	5000	5000
天津克莱德芯线合金有限公司	3000	3000	3000	3000	3000	3000	3000	3000	3000
闻喜县恒得镁业有限公司	3000	3000	3000	3000	3000	3000	3000	3000	3000
鄂尔多斯祥元冶金有限公司						5000	5000		
株洲冶炼集团股份有限公司	20000	20000	20000	20000	20000	20000	20000	20000	20000
济源市万洋合金科技有限公司	20000	20000	20000	20000	20000	20000	20000	20000	20000
济源市金辉合金科技有限公司								10000	10000

数据来源：北京事竟成有色金属研究所。

附表 3 我国金属钙企业 2008～2016 年产量分析 t

公司名称	2008 年	2009 年	2010 年	2011 年	2012 年	2013 年	2014 年	2015 年	2016 年
包头融华钙业有限责任公司（原 202 厂钙厂）	7000	1800	3000				1500	停产	停产
中核建中核燃料元件有限公司（原 812 厂锂钙公司）	停产	停产	停产	停产	停产	停产	停产		
汉中锌业特种材料有限公司（原 813 厂）	2000	2000	2000	2500	2500	2500	2500	2000	1500
宁夏中卫艾尔德科技有限公司	5000		调试	3000			停产		
包头市晶华金属钙业有限责任公司	1500		1000				停产		
洛阳宏成金属材料有限公司			500			停产	停产		
上海笃自贸易有限公司	2000	5000	停产				1200		
包头市华雷铸搪有限责任公司							1200	2000	2000
四川乐山双安钙业有限公司	1500	1200	2000	调试		停产	停产	停产	停产
成都大为冶金有限公司	1000						1000		
鹤壁市汇海金属制品有限公司	600								

续附表 3

公司名称	2008 年	2009 年	2010 年	2011 年	2012 年	2013 年	2014 年	2015 年	2016 年
安阳市太行冶金有限公司	1500								
鹤壁市鑫汇镁业有限公司	1000	1200							
武乡兴源钙业有限公司（原武乡任兴镁业有限公司）	4000		10000	8500				7000	8000
山西闻喜银光镁业集团	5000		15000	19000			28000	18000	18000
武乡县晋王镁业有限公司			3000	500			停产		
鹤壁祥龙有色粉业有限公司	1000								
山西晋星金属钙业有限公司			停产						
屯留县彬烨钙合金工贸有限公司			1000	8000				10000	10000
巩义市众鑫钙业有限公司			4000	3600			3600		
山西富瑞德国际贸易有限公司	3000			5000			4800	5000	5000
乐山宏丽金属材料有限公司				4000					
新乡市亿达冶金材料有限公司			1500	2000			6000		
马鞍山市兴达冶金新材料有限公司				6000					

续附表 3

公司名称	2008 年	2009 年	2010 年	2011 年	2012 年	2013 年	2014 年	2015 年	2016 年
鹤壁市维多利镁业有限公司				4000			4000	4000	4000
鹤壁宏昌镁业有限公司				3000			6000	7000	7000
潞城市永鑫工贸有限公司				1200			3000		
林州宏瑞金属材料加工有限公司 林州森达特种金属有限公司				8400			5000	5000	5000
四川建中金属材料有限责任公司				7200				1000	1000
长治县金世恒合金科技有限公司							6000	6000	6000
河南省鹤壁市海得利有限公司							3000	3000	3000
鹤壁市淇滨区凯博金属加工厂							5000	5000	5000
新乡市新兴冶金材料有限公司							3000	3000	3000
河南万和不锈钢有限公司			停产	停产	停产	停产	停产		
府谷县金林钙业有限责任公司	500	500	停产	停产	停产	停产	停产	停产	停产
府谷县玉丰镁业有限责任公司			停产	停产	停产	600	600		

续附表 3

公司名称	2008 年	2009 年	2010 年	2011 年	2012 年	2013 年	2014 年	2015 年	2016 年
榆林市煤炭科技天池金属镁业					停产	500	500	停产	停产
安阳市铁发冶金耐材有限公司						3000	3500	4000	4000
鹤壁市金利达线材有限公司							2000	2000	2000
天津金立集团公司（产业园）							5000	5000	5000
天津克莱德芯线合金有限公司	2000	2000	2000	2000	2000	2000	2000	2000	2000
闻喜县恒得镁业有限公司	3000	3000	3000	3000	3000	3000	3000	3000	3000
鄂尔多斯祥元冶金有限公司						2500	1500		

数据来源：北京事竟成有色金属研究所。

附表4　我国金属钙企业加工产品种类分析

公司名称	品种1	品种2	品种3	品种4	品种5
包头融华钙业有限责任公司（原202厂钙厂）	粗钙	钙粒	钙屑	钙合金	
中核建中核燃料元件有限公司（原812厂锂钙公司）	粗钙	钙粒	钙屑	钙合金	
汉中锌业特种材料有限公司（原813厂）	粗钙	钙粒	钙屑	钙合金	
宁夏中卫艾尔德科技有限公司	粗钙	钙粒	钙屑	钙合金	包芯线
包头市晶华金属钙业有限责任公司	粗钙	钙粒	钙屑	钙合金	钙丝
洛阳宏成金属材料有限公司	粗钙	钙粒	钙屑	钙合金	
宏峰钙业/上海笃自贸易有限公司	粗钙	钙粒	钙屑	钙合金	合金包芯线
包头市华雷铸措有限责任公司	钙块	钙粒	钙铝合金		
河南豫光合金有限公司	铅钙合金				
四川乐山双安钙业有限公司	粗钙	钙粒	钙屑	钙合金	
成都大为冶金有限公司	钙粒	钙屑	钙基合金		
鹤壁市汇海金属制品有限公司	钙粒				
安阳市太行冶金有限公司	粗钙	钙粒	钙屑	钙合金	
鹤壁市鑫汇镁业有限公司	粗钙	钙粒	钙屑		
武乡兴源钙业有限公司（原武乡任兴镁业有限公司）	粗钙	钙渣			
山西闻喜银光镁业集团	粗钙	钙粒	钙屑	钙棒	
邯郸市冀祥冶金材料有限公司	粗钙	钙粒	钙屑		
武乡县晋王镁业有限公司	粗钙	钙渣			
鹤壁祥龙有色粉业有限公司	钙粒				

续附表 4

公司名称	品种 1	品种 2	品种 3	品种 4	品种 5
山西晋星金属钙业有限公司	粗钙	钙块			
屯留县彬烨钙合金工贸有限公司	粗钙	钙渣			
巩义市众鑫钙业有限公司	钙块	钙粒	钙棒		
山西富瑞德国际贸易有限公司	钙锭	钙粒			
乐山宏丽金属材料有限公司	钙粒	钙丝			
新乡市亿达冶金材料有限公司	钙锭	钙粒	钙丝		
马鞍山市兴达冶金新材料有限公司	纯钙线	纯钙包芯线	钙铁线		
鹤壁市维多利镁业有限公司	钙线	包芯线			
鹤壁宏昌镁业有限公司	钙丝	钙粒	钙棒	钙铝合金	
潞城市永鑫工贸有限公司	钙粒				
林州宏瑞金属材料加工有限公司 林州森达特种金属有限公司	钙棒	钙屑	钙粒	钙铝合金	钙镁合金
四川建中金属材料有限责任公司	钙棒	钙柱	钙镁合金		
长治县金世恒合金科技有限公司	钙块	钙粒	钙棒	钙屑	合金
河南省鹤壁市海得利有限公司	钙块	钙粒	钙棒	钙屑	钙丝
鹤壁市淇滨区凯博金属加工厂	钙丝	钙粒	钙棒		
新乡市新兴冶金材料有限公司	钙丝	包芯线			
河南万和不锈钢有限公司	粗钙				

续附表 4

公司名称	品种 1	品种 2	品种 3	品种 4	品种 5
府谷县金林钙业有限责任公司	粗钙	钙渣			
府谷县玉丰镁业有限责任公司	粗钙	钙渣			
榆林市煤炭科技天池金属镁业	粗钙	钙渣			
安阳市铁发冶金耐材有限公司	钙丝	包芯线			
鹤壁市金利达线材有限公司	钙粒	钙丝			
天津金立集团公司（产业园）	钙粒	钙丝	包芯线		
天津克莱德芯线合金有限公司	包芯线				
闻喜县恒得镁业有限公司	粗钙	钙渣			
鄂尔多斯祥元冶金有限公司	粗钙	钙渣			
鄂尔多斯市双欣化学工业有限公司	电解钙（筹建）				
株洲冶炼集团股份有限公司	铅钙合金				
济源市万洋合金科技有限公司	铅钙合金				
济源市金辉合金科技有限公司	铅钙合金				

数据来源：北京事竟成有色金属研究所。

附表5　我国金属钙企业2009~2016年加工量分析　t

公司名称	2009年	2010年	2011年	2012年	2013年	2014年	2015年	2016年
包头融华钙业有限责任公司（原202厂钙厂）	1000	1000	1000	800	600	停产	停产	停产
中核建中核燃料元件有限公司（原812厂锂钙公司）	2000					停产	停产	停产
汉中锌业特种材料有限公司（原813厂）	2500			2000	2000	2000	2000	1500
宁夏中卫艾尔德科技有限公司	1500		1200	1500	停产	停产	停产	停产
包头市晶华金属钙业有限责任公司	1000				2000	1500	1500	1500
洛阳宏成金属材料有限公司					500	停产	停产	停产
宏峰钙业/上海笃资贸易有限公司			2000		1000	1200	停产	停产
包头市华雷铸搪有限责任公司						500	1000	1000
包头融华钙业有限责任公司					1200	1000	1000	800
河南豫光合金有限公司					1500	1500	1500	1500
四川乐山双安钙业有限公司						停产	停产	停产
成都大为冶金有限公司				2000	2000	1200	1000	1000
山西闻喜银光镁业集团				4200	5000	6000	5000	5000
鹤壁祥龙有色粉业有限公司					停产	停产	1000	1000
屯留县彬烨钙合金工贸有限公司					5000	5000	5000	5000

续附表 5

公司名称	2009年	2010年	2011年	2012年	2013年	2014年	2015年	2016年
巩义市众鑫钙业有限公司				3000	2000	3500	3000	3000
太原瑞涛金属材料有限责任公司				4000	4500	5000	5000	5000
乐山宏丽金属材料有限公司				2500	2500	2000	1000	1000
新乡市亿达冶金材料有限公司				5000	5000	6000	6000	5000
马鞍山市兴达冶金新材料有限公司				6000	6000		6000	6000
鹤壁市维多利镁业有限公司				5500	5000	5000	5000	5000
鹤壁宏昌镁业有限公司				2600	4000	6000	6000	6000
潞城市永鑫工贸有限公司				1500		停产	停产	停产
林州宏瑞金属材料加工有限公司 林州森达特种金属有限公司				6000	5000	6000	5000	5000
四川建中金属材料有限责任公司				2000	1500	1300	1500	1000
长治县金世恒合金科技有限公司				4000	4000	5000	5000	5000
河南省鹤壁市海得利有限公司					3000	3600	3600	4000
鹤壁市淇滨区凯博金属加工厂					2000	3000	3500	3500
新乡市新兴冶金材料有限公司					1500	1800	2000	2000

续附表 5

公司名称	2009年	2010年	2011年	2012年	2013年	2014年	2015年	2016年
安阳市铁发冶金耐材有限公司					3000	3000	3000	3000
鹤壁市金利达线材有限公司					2000	3000	3000	3000
江阴市新菊钢包芯线有限公司					3000	3000	3000	3000
天津金立集团公司（产业园）					8000	6000	5000	5000
上海力天金属有限公司					3000	3000	3000	3000
宁夏石嘴山科通冶金工贸有限公司					30000	35000	35000	35000
包头市同德实业有限公司					2000	2500	停产	停产
包头市中盛金属材料有限责任公司					3000	3000	3000	3000
沈阳正觉方中科技有限公司					3000	2500	2000	2000
郑州丰元冶金材料有限公司					1000	1200	1500	1500
江阴市宇瑞冶金炉料有限公司					1000	1000	1000	1000
邯郸市冀祥冶金材料有限公司					3000	2500	2000	2500
上海峰竺晶须有限公司					5000	5000		
上海弘益冶金材料有限公司						2500	2000	2000
江阴瑞德合金材料有限公司					2000	2000	2000	2000

续附表 5

公司名称	2009 年	2010 年	2011 年	2012 年	2013 年	2014 年	2015 年	2016 年
鄂尔多斯祥元冶金有限公司					2500	1500		
株洲冶炼集团股份有限公司	2000	20000	20000	20000	20000	20000	20000	20000
济源市万洋合金科技有限公司	1000	10000	15000	15000	15000	20000	20000	20000
济源市金辉合金科技有限公司							5000	8000

数据来源：北京事竟成有色金属研究所。

参考文献

[1] 汪贻水．六十四种有色金属［M］．长沙：中南工业大学出版社，1998.

[2] 李晓波，殷建华．采用热法炼镁设备炼钙存在的问题及解决途径［C］//首届钙生产与市场研讨会．北京．2006：31-34.

[3] 王世强．关于金属钙市场探讨的一点浅见［C］//首届钙生产与市场研讨会．北京．2006：1-4.

[4] 张贤福．金属钙产品的中国特色与知识产权保护［C］//第四届中国金属钙工业年会．成都．2010：9-12.

[5] 郭海军．首届钙会的诞生及中国钙产业的竞争优势［C］//首届钙生产与市场研讨会．北京．2006：53-57.

[6] 郭海军．钙在有色金属合金中的应用和发展［C］//第七届中国金属钙工业年会暨第二届安阳冶金辅料大会．安阳．2013：20-23.

[7] 赵桂华．审时度势，开拓中国钙业的未来市场［C］//首届钙生产与市场研讨会．北京．2006：5-7.

[8] 宁俊才．金属钙产品的创新——勇当行业创新的排头兵［C］//首届钙生产与市场研讨会．北京．2006：41-43.

[9] 郭瑞军．热还原钙的生产现状分析［C］//首届钙生产与市场研讨会．北京．2006：44-47.

[10] 罗新峰．还原钙市场发展的讨论［C］//首届钙生产与市场研讨会．北京．2006：8-9.

[11] 郭海军．“钙邦”崛起喜忧参半［D］//有色金属技术经济研究院 2006 年度学术活动．北京．2006.

[12] 尚午中．提高产业优化升级，促进高品质金属钙生产［C］//第三届中国金属钙工业年会．青岛．2008：6-7.

[13] 郭海军．2007 年中国钙业发展概况报告及未来 3 年现状分析［C］//第二届中国金属钙工业年会．乐山．2007.

[14] 郭海军．2014 年金属钙行业发展报告及国际市场研究［C］//第八届中国金属钙工业年会．包头．2014：40-41.

[15] 郭海军．中国金属钙“十一五”发展带来的思考［C］//第四届中国金属钙工业年会．成都．2010：1-8.

[16] 郭海军．中国金属钙行业工作报告［C］//第五届中国金属钙工业年会．太原．2011：1-9.

[17] 刘刚．打造中国一流的铝热法还原钙生产基地［C］//第六届中国金属钙工业年会．大理．2012：7-8.

[18] 徐鹿鸣．我国硅钙合金生产发展史略［C］//第七届中国金属钙工业年会暨第二届

安阳冶金辅料大会．安阳．2013：3-7.
［19］徐日瑶，周向阳，刘宏专．铝热法生产金属钙时，如何提高还原效率、产品质量与劳动生产率［C］//第二届中国金属钙工业年会．乐山．2007：5-8.
［20］徐日瑶，刘宏专．金属钙的生产和利用皮江法炼镁的设备生产金属钙的经济性［C］//首届钙生产与市场研讨会．北京．2006：15-23.
［21］阎培英．熔盐电解法金属钙工艺生产的特点及优势［C］//首届钙生产与市场研讨会．北京．2006：10-14.
［22］姜涛．电解钙的工业节能与技术优化［C］//第五届中国金属钙工业年会．太原．2011：10-12.
［23］徐宝强．真空冶金技术研究进展［C］//第五届中国金属钙工业年会．太原．2011：13-33.
［24］庞东辉．依靠科技进步推进节能环保热法炼钙技术应用介绍［C］//第二届中国金属钙工业年会．乐山．2007：9-12.
［25］王屹松．高钙线在炼钢过程中的优势和发展预期［C］//第六届中国金属钙工业年会．大理．2012：30-38.
［26］于海涛．抚顺铝厂实施热法生产高质量金属钙的工业实验［C］//首届钙生产与市场研讨会．北京．2006：39-40.
［27］周华文．铅钙合金的生产应用及市场前景［C］//第三届中国金属钙工业年会．青岛．2008：16-20.
［28］陈家祥．钙铝实心线与高钙硅合金的开发［C］//第六届中国金属钙工业年会．大理．2012：9-11.
［29］郝晓华．国内金属钙加工设备的创新技术与工艺［C］//首届钙生产与市场研讨会．北京．2006：48-50.
［30］郭海军．钙的生产与钙合金、钙化合物的应用［C］//首届钙生产与市场研讨会．北京．2006：24-30.
［31］郭海军．制定行业规范是促进行业发展的有力保障［C］//第六届中国金属钙工业年会．大理．2012：3-6.
［32］王树旺．还原钙工艺进展与行业标准制定［C］//第八届中国金属钙工业年会．包头．2014：42-44.
［33］马存真．还原金属钙行业标准制定说明［C］//第六届中国金属钙工业年会．大理．2012：43-52.
［34］陈家祥．钙在炼钢过程中的应用［C］//首届钙生产与市场研讨会．北京．2006：51-52.
［35］熊烈强．气体旋流喂丝枪的使用效果与相关行业的影响［C］//第六届中国金属钙工业年会．大理．2012：39-42.
［36］宁俊才．钙基系列包芯线在炉外精炼工艺中的应用［C］//第二届中国金属钙工业年会．乐山．2007：1-4.

[37] 熊烈强．钢液钙处理喂丝技术的现状及中国的研究进展［C］//第五届中国金属钙工业年会．太原．2011：34-36.
[38] 李寿全．金属钙包芯线的应用及其市场前景［C］//第三届中国金属钙工业年会．青岛．2008：10-15.
[39] 刘合萍．喂线工艺技术的应用实践［C］//第六届中国金属钙工业年会．大理．2012：12-20.
[40] 李福高．包芯线在炼钢过程中的使用［C］//第六届中国金属钙工业年会．大理．2012：21-29.
[41] 张明乾．包芯线新产品研发与专利保护［C］//第八届中国金属钙工业年会．包头．2014：45-46.

后　　记

十年风雨二万五，
多少朝歌兄弟情；
愿将人生照肝胆，
只缘身在钙邦中。

十二年前的成都之行得识钙，不经意间的了解却铸就了我之后的十二年人生。

一个被普遍认为是生物元素的（食用）Ca，一个被普遍认为是化工用途的（碳酸）Ca，随着民用工业市场的开拓，为有色轻金属增添了傲人的风景。时值镁业低谷，大多镁企业诉求转型发展之路，钙的出现成为镁企业转型的关键产品之一，2004 年，钙企业如雨后春笋般涌现。

十二年间，我往返于山西、陕西、四川、湖南、湖北、江苏、安徽、上海、山东、河南、河北、内蒙古、辽宁、天津与北京等地的“钙部落”，拜访和调研金属钙冶炼、加工、贸易及使用企业。我用时间、真诚和努力，赢得了“钙邦”兄弟姊妹的友情与信任；在服务企业的同时，总感觉应该为大家再多做点什么！

回忆初识钙，曾在两月内，查阅国家图书馆、北京图书大厦、王府井新华书店、冶金类出版社及互联网等与钙有关的资料知识，仅获得不过几千字的内容，而且大多是生物

(食用) Ca、化工(碳酸) Ca 的数据，金属钙资料仅有寥寥数语，不能例述产业崛起梗概。思之，有将十二年来全国钙工业年会的资料和笔者多年积累的钙数据合稿编撰成文，出版《钙邦崛起》一书的想法。这一想法得到了行业专家的赞同。

此书得以顺利付梓，感谢任俏年、刘刚、吕东亮、赵友泉、郭瑞军、程小兵等先生的慷慨解囊，感谢包头融华钙业有限责任公司、武乡兴源钙业有限公司、屯留县彬烨钙合金工贸有限公司、太原瑞涛金属材料有限责任公司、包头市华雷铸搪有限责任公司、四川建中金属材料有限公司、林州森达特种金属有限公司的大力支持，并祝“钙邦”明天更辉煌。

郭海军

2017 年 7 月

冶金工业出版社部分图书推荐

书　名	作　者	定价（元）
机械加工专用工艺装备设计技术与案例	胡运林	55.00
网络化制造环境下供应链库存优化控制研究	董　海	34.00
网络化制造模式下供应链设计与优化技术	董　海	42.00
面向东盟的广西农产品物流发展研究	张立国	66.00
广西北部湾经济区物流园区建设理论与实践	张立国	40.00
机械优化设计方法（第4版）（本科教材）	陈立周	42.00
固体废物处置与处理（本科教材）	王　黎	34.00
环境工程学（本科教材）	罗　琳	39.00
城市轨道交通车辆检修工艺与设备（本科教材）	卢　宁	20.00
工程流体力学（本科教材）	李　良	30.00
矿山机械（本科教材）	魏大恩	48.00
控制工程基础（高等学校教材）	王晓梅	24.00
起重与运输机械（高等学校教材）	纪　宏	35.00
冶金通用机械与冶炼设备（第2版）（高职高专教材）	王庆春	56.00
矿山提升与运输（第2版）（高职高专教材）	陈国山	39.00
高职院校学生职业安全教育（高职高专教材）	邹红艳	22.00
冶金企业安全生产与环境保护（高职高专教材）	贾继华	29.00
锌的湿法冶金（高职高专教材）	胡小龙	24.00
液压气动技术与实践（高职高专教材）	胡运林	39.00
数控技术与应用（高职高专教材）	胡运林	32.00
烧结球团生产操作与控制（高职高专教材）	侯向东	35.00
工程材料及热处理（高职高专教材）	孙　刚	29.00
现代转炉炼钢设备（高职高专教材）	季德静	39.00
环境监测与分析（高职高专教材）	黄兰粉	32.00
电子技术及应用（高职高专教材）	龙关锦	34.00
自动化仪表使用与维护（高职高专教材）	吕增芳	28.00
冶金机械设备故障诊断与维修（高职高专教材）	蒋立刚	55.00